新規融資・事業再生に結びつく

実践！

ホテル旅館の事業性評価

クロスワンコンサルティング株式会社
宇野　俊郎 代表取締役
古市今日子 コンサルタント

ビジネス教育出版社
BUSINESS KYOIKU SHUPPANSHA

はじめに

　筆者は、これまで13年間にわたりホテル旅館の事業再生に取り組んできました。その数は百数十件に上りますが、実はその多くが中小企業再生支援協議会※や地域経済活性化支援機構※、東日本大震災事業者再生支援機構※など公的機関からのご依頼によるものです。つまり、筆者が関わってきた事業再生は、おもに準則化された私的整理の枠組みによる一定のルールに基づいた再生手法と言えます。

　このように紹介すると、「事業再生を実現するための経営戦略や具体的アクションプランはホテル・旅館ごとに異なるはずなのに、これでは画一的な手法しか提示できないのではないか」と思われる読者の方がいるかもしれませんが、そんなことはまったくありません。逆に、準則化された私的整理の枠組みを用いるからこそ、例えば1室あたりの売上高や稼働率など売上に関するもの、あるいは原価率や人件費率、EBITDA※比率など収益に関するものなど、業態別・規模別に整理して比較することが可能になるのです。また、経営者や組織、マーケティングなど定性的な視点から比較できるのも、準則化された私的整理の枠組みに基づいているからこそできるのです。

　具体的に何をするかですが、まずは定量・定性の両面から業態別・規模別に比較することによって、支援対象企業の特徴を浮き彫りにします。そして、その特徴と案件毎の事業再生の実現度合いを結びつけることによって、具体的な経営戦略やアクションプランを設計していくというのが、筆者の再生手法です。

　もうお分かりいただけたと思いますが、こうしたスキームを可能にするのは、準則化された事業再生の手続きをベースにしているからこそ、できることなのです。つまり、定量的および定性的な観点から導き出された特徴をもとに、具体的な戦略とアクションプランを実行することによって、はじめてホテル旅館を再生できるという法則性を導き出すことができるのです。

　本書は、筆者がこれまでに取り組んできた案件を業態と規模別に整理し直すことによって、その法則性を明確にするとともに、業態別・規模別の具体的な経営戦略やアクションプランを提示するものです。金融機関の皆様が、本書を活用することで事業再生の道筋を明確にし、新規融資に結びつけることができれば望外の喜びです。

2019年1月

　　　　クロスワンコンサルティング株式会社　代表取締役　宇野俊郎

目　次

第3章　事業性評価結果の傾向　〜業態別の事業特性

第4章　事業性評価結果に基づく目利きと支援ノウハウ

巻末付録　「ホテル旅館の事業性評価シート」

本文中※のある用語については、巻末の用語集をご参照ください。

第1章
ホテル旅館業界と事業性評価の必要性

●この章のポイント●

ホテル旅館の総合力や将来性は、過去の業績だけで見極められるものではありません。本章では、ホテル旅館の事業性評価が求められる背景として、激動する業界環境や業種の特殊性を解説します。

また、ホテル旅館の事業性評価の進め方を掴んでいただくために、評価項目の概要と具体的な手順を解説します。

1 業界の現状

日本のホテル旅館の歴史は古く、常に時代の大きな流れとともに変遷してきました。産業と呼べる状態に至ったのがいつ頃かは諸説ありますが、外国人が日本を訪れるようになった明治時代初期に名門ホテルが相次いで開業したのをもって、ホテル旅館業の黎明期ととらえても差し支えないと思います。

そして1964年の東京オリンピックを契機に日本を代表するホテルが次々と誕生し、新たな時代が始まりました。さらに日本が高度経済成長期に入ると、それに引きずられるようにホテル旅館業界も大きく成長を遂げました。特に目覚しい成長を遂げたのがバブル経済に沸いた時代で、高級志向の高まりに応じ高級外資系ホテルブランドが続々とオープンしました。

しかし、それもつかの間、バブル経済が終焉を迎えた2000年代からは宿泊ニーズの多様化が進んでいきます。それまでホテルといえば「高級感」や「非日常」であった時代が一変し、余分な要素をそぎ落とした宿泊に特化したシンプルなホテルチェーンが存在感を増していったのです。

そして今、2020年東京オリンピック・パラリンピックの開催に向け、官民あげて訪日外国人旅行者数の大幅拡大を目指す政策が展開される中で、ホテル旅館業界は活況を呈しています。新規開業はもとより、リニューアルに取り組むホテル旅館も枚挙に暇がありません。都心のオフィス街に高級旅館がオープンしたり、グランピング※という言葉が登場するなど、次々に新しい業態のホテルが開発されています。

また、政府の規制緩和も後押ししています。外国人観光客数を拡大するための改革の一環として、2017年6月に「住宅宿泊事業法」(いわゆる民泊新法)」が制定されました。同法では、制度の一体的かつ円滑な執行を確保するため「住宅宿泊事業者」「住宅宿泊管理業者」「住宅宿泊仲介業者」の3つのプレーヤーが位置付けられ、それぞれに対して役割や義務等が決められています。スタート当初こそ、民泊事業者による届け出提出件数が伸びず、先行きが不安視されましたが、現在はそれもほぼ解消され順調に推移しつつあります。

以上見てきたように、ホテル旅館業界は古い歴史を持つ業界でありながら、次々に新しい話題を提供する新興業界のような側面も持ち合わせる、ユニークな業界と言えます。

1) ホテルは成長、旅館は大きく衰退

昨今、ホテル旅館業界に関する話題は日々メディアにも多く取り上げられているので、一般には元気が良い業界というイメージがあるかもしれません。しかし、冷静に市場の

統計を見ると、必ずしも景気が良いとはいえない状況にあることが分かります。

【図表1】ホテル旅館の市場規模推移

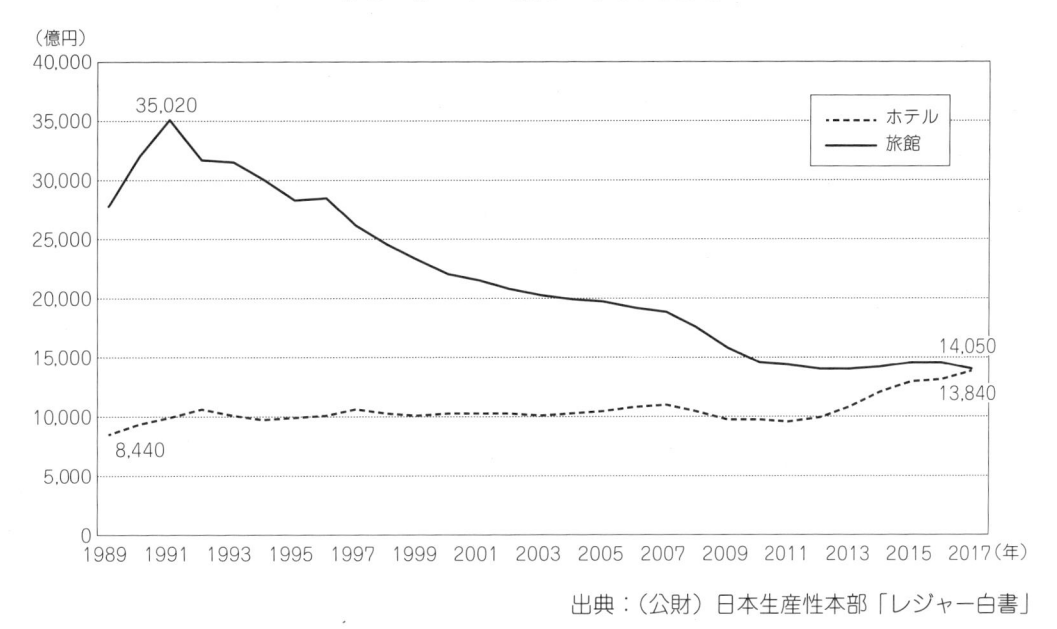

出典：（公財）日本生産性本部「レジャー白書」

　図表1のとおり、ホテル市場が成長する一方で、旅館市場は大きく衰退しています。旅館市場の市場規模は3兆円を突破した1990年頃をピークに減少し続け、2017年には1.4兆円と、この30年間で半分以下にまで縮小してしまっているのです。

2）施設数ベースでは、ホテル旅館の全体数は減少

　図表2の棒グラフは、ホテルの施設数の上に旅館の施設数を積み上げたものです。合計数で見ると、市場規模に比例して右肩下がりで推移していますが、ホテルの施設数は漸増していることが見て取れます。つまり、旅館の衰退があまりにも激しいため、ホテルの増加分では旅館の減少分を補えない状況が続いているわけです。

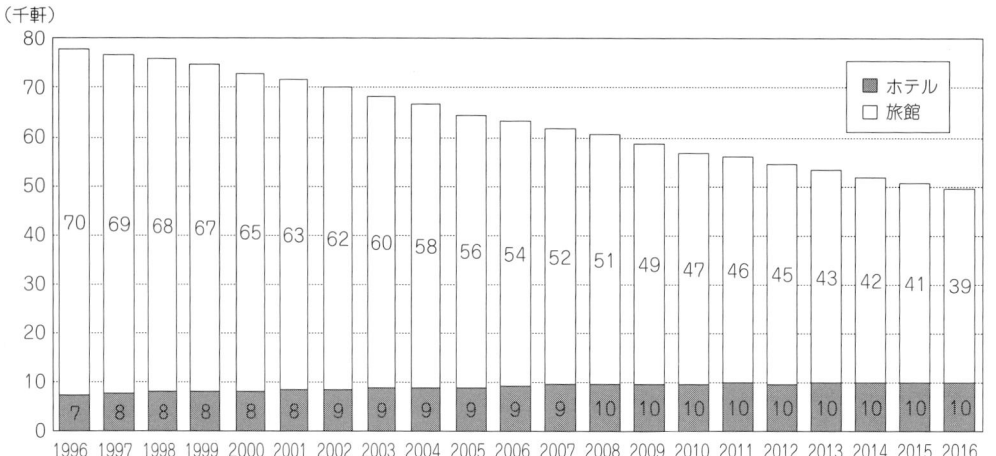

【図表2】ホテル旅館の施設数の推移

（千軒）

出典：厚生労働省「衛生行政報告例」

3）客室数ベースでは、ホテルが旅館の減少分を補う

　ホテル旅館と一口に言っても施設の規模はピンからキリまであります。したがって、「施設数の変化イコール客室供給量の変化」と言い切ることはできません。そこで、「ホテル旅館の客室数の推移」を見てみましょう。

　図表3のとおり、旅館の客室数は右肩下がりで減少し続けていますが、それと入れ替わるようにホテルの客室数は大きく増加しています。2009年にはホテルの客室数が旅館を上回り、以後格差は拡大し続けています。一方、合計客室供給量は、若干増減はありますが、長期的に見れば概ね横ばいで推移しています。このように客室数ベースでみると、旅館が減った分をホテルがカバーすることで、概ね現状を維持していることが見て取れます。

　なぜ、旅館の客室数が減少し、ホテルの客室数が増加しているのでしょうか。それは、国内旅行者のニーズがかつての「団体旅行」「集団嗜好」「和室」等から「旅行の少人数化」「プライベート嗜好」「洋室」へと変化したことが要因だと思われます。そうしたニーズの変化に適合する形で、宿泊業界の供給構造も大きく変容したわけです。

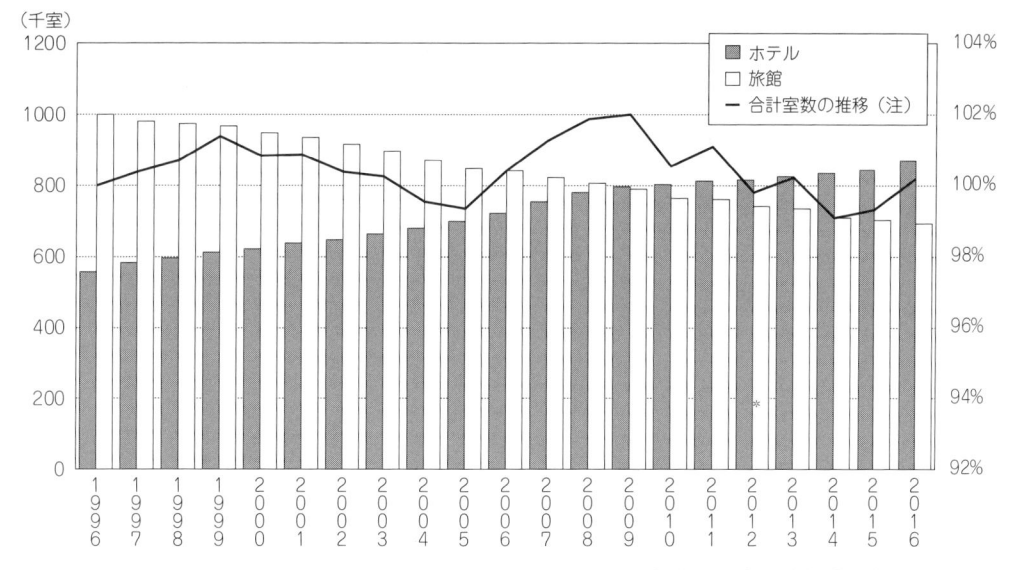

【図表3】ホテル旅館の客室数の推移

（注）1996年時点の合計室数を100%とした推移　　　　出典：厚生労働省「衛生行政報告例」

4) ホテル旅館は玉石混交の業界

　前述したように、ここに来て様々な業態のホテルが新規にオープンしていますが、その割に市場規模は伸びていません。なぜでしょうか。それは、新規参入も少なからずありますが、一方で撤退するホテル旅館もかなりの数に上るからです。ホテル旅館業における業態変容、つまり新陳代謝が活発になっていることが要因と思われます。

　例えば、「施設数ベースでは減っているが、客室供給量は横ばいである」という事実から、「家族経営などの小規模な事業者を中心に淘汰が進んでいる」ということが見て取れます。ホテルも旅館も、変化の波に対応し続ける総合力のある事業者だけが生き残り、そうでない事業者は淘汰されてしまうという、極めてドラスティックな時代になったと言えます。

　確かに今、ホテル市場は加熱していますが、「ホテルを作りさえすれば成功する」というわけでは決してありません。歴史ある格式の高いホテルでさえ、他のホテルと同様に国内旅行者の嗜好・旅行スタイルの変化、インバウンド※の激増に伴う客層変化、相次ぐ新規参入による競争激化等にさらされており、変化の波に対応できなければ生き残ることはできない時代なのです。

　このように今のホテル旅館業界は、時代の波を捉えて伸びるホテルや旅館と、変化に対応できずに衰退するホテルや旅館の両方が入り交じる、まさに玉石混交の状態になっているのです。

5）激増するインバウンド

　ホテル旅館業界を知る上で「インバウンド※の激増」は欠かせない話題と言えます。インバウンド※は今、いったいどういう状況にあるのでしょうか。

　ご存知のとおり、政府は観光を成長戦略の大きな柱の一つに位置づけ、様々な政策を積極的に展開しようとしています。例えば、2016 年 3 月に策定した観光ビジョンの中で「2020 年までに訪日外国人旅行者数を 4,000 万人、2030 年には 6,000 万人に拡大する」目標を掲げています。

　現在、その目標達成に向けて、下記のとおり制度改正をはじめ交通インフラや観光現場におけるハード・ソフトの整備、個人や企業に直接訴求するプロモーションの開発など、多岐にわたる手厚い施策を網羅的に打ち出しています。こうした取り組みから、政府の力の入れようは従来にない極めて力強いものとなっていることが伺えます。

＜制度の整備＞
- ・ビザ発給条件の緩和
- ・出入国管理体制の充実
- ・観光関係の規制・制度の総合的な見直し　など

＜交通インフラの整備＞
- ・航空ネットワークの拡大
- ・訪日クルーズ船の受入拡充　など

＜観光現場のハード・ソフト整備＞
- ・今まで保全重視としていた文化財を観光資源として開花させるための修繕や多言語解説導入の支援
- ・日本ならではの伝統的な生活体験と農村地域の人々との交流を楽しむ「農泊」の推進　など

＜個人や企業に直接訴求するプロモーション＞
- ・政府レベルでの MICE※誘致の促進
- ・訪日プロモーションとして海外著名人の日本文化体験映像を海外キー局で配信　など

　すでにこうした施策の成果が、随所に現れています。2017 年に 2,800 万人を超え、5 年連続で過去最高を更新した訪日外国人観光客数は 2018 年になっても増え続け、12 月には 3,000 万人を突破しました（図表 4）。さらに今後は 2020 年に開催される東京オリンピック・パラリンピックに向けて、従来の国際便に加え格安航空会社 LCC の増便も期待できるので、さらなる増加が期待されます。

　実は、2016 年に策定された「2020 年の訪日外国人旅行者数 4,000 万人」という目標は、2015 年の訪日外国人旅行者数実績を一気に倍増させるというチャレンジングなもので

した。それが、ここまでの推移を見れば目標達成も夢ではなく、十分現実味を帯びてきたと言えるのではないでしょうか。

【図表 4】訪日外国人旅行者数の推移

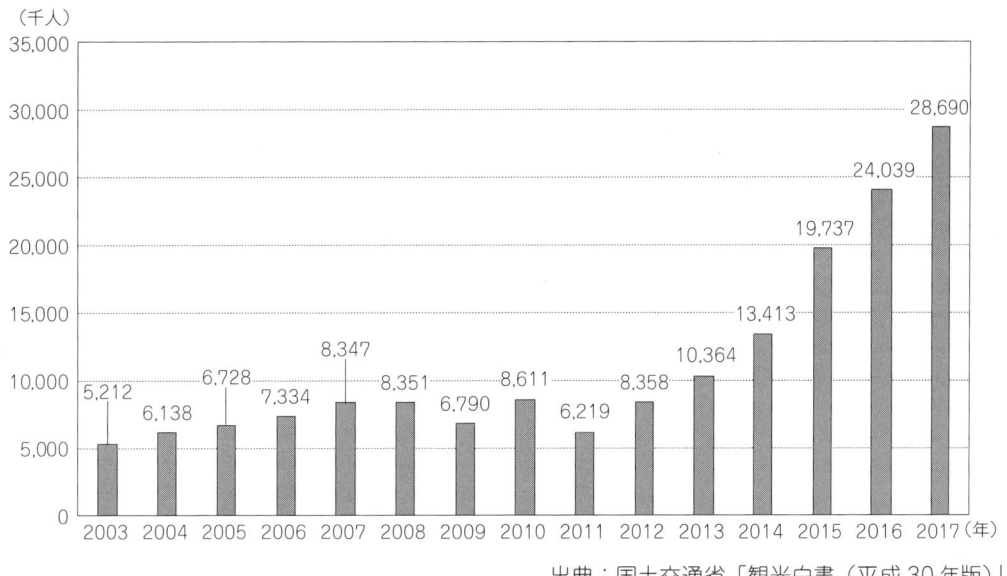

出典：国土交通省「観光白書（平成 30 年版）」

　なお、訪日外国人旅行者はその 9 割近くがアジア諸国からの旅行者です。政府が策定した観光ビジョンには「世界が訪れたくなる日本。観光先進国を目指す」と書かれていますが、図表 5 のとおり、今のところインバウンド※政策の成果はかなりアジア諸国に限定されていると言えると思います。

【図表 5】外国人旅行者の国・地域内訳（2017 年）

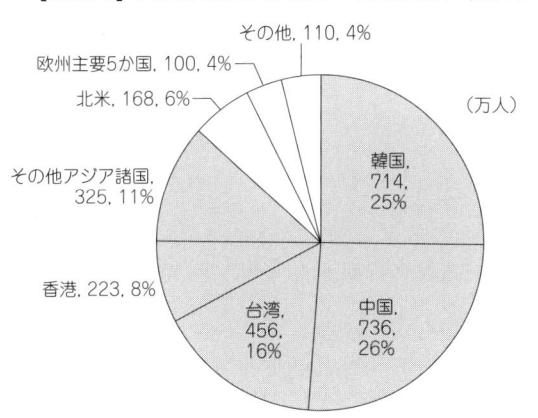

出典：国土交通省「観光白書（平成 30 年版）」

これまで見てきたとおり訪日外国人観光客は大変な勢いで増えていますが、それは宿泊施設における外国人数の推移を見ても明らかです。図表6のとおり、2011年の時点における宿泊者に占める外国人の比率はわずか4.4%と、まだまだマイナーな存在でしたが2015年に1割を超えると一気に加速し、2017年には15.7%まで増加しています。全国平均で見れば、宿泊客の10人に1〜2人が外国人という計算になりますが、外国人に特に人気の観光地は、その比ではないと思います。つまり、地域によってはすでにきわめて有力なお客様になっているのです。

【図表6】日本人・外国人の延べ宿泊者数の推移

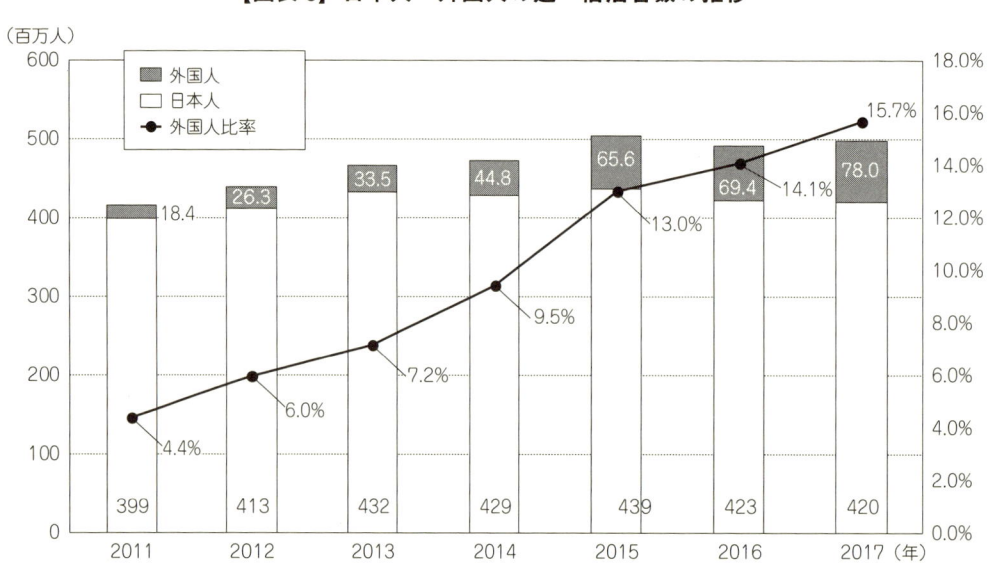

出典：国土交通省「観光白書（平成30年版）」

6）激動する業界環境への対応力が問われている

　激増するインバウンド※は、たった数年間のうちにホテル旅館の客層に大幅な変化をもたらしました。客層が劇的に変化すると、集客のやり方をはじめ現場のサービス、朝食や夕食のメニュー、設備備品の選び方など、様々な分野で旧来のやり方が通用しなくなります。実は、こうした変化にどのように対応するかが、今まさにホテル旅館経営における喫緊の課題なのです。

　今や訪日外国人観光客は、都市部や日本人に人気の観光地だけでなく、日本人があまり行かない地方・地域にも大勢訪れています。もちろん、その背景にあるのはインターネットの普及です。ネット上の情報が世界中に拡散することで、旅行者の行動は日々変化しているのです。そういう意味では、インバウンド※需要に盛り上がる地域にあっても、インターネットを活用できないホテル旅館は後退を余儀なくされる可能性がきわめ

て高いと言えます。

　例えば、今や宿泊予約の多くがオンライン予約になっていますが、OTA※（オンラ
イントラベルエージェント）に支払う手数料は決して安くはありません。そのため家族
経営などの小規模な旅館の場合、たとえ新たな政策によって地域のインバウンド※が増
えても、費用面や人材面から対応が遅れがちとなり、結果的に恩恵を受けられない可能
性があります。また、国内旅行者のニーズが「団体旅行」から「個人旅行」にシフトす
る中にあって、古くからつきあいのある旅行会社から送り込まれる団体客の売上に頼っ
ているホテル旅館も、インバウンド※需要を取り込むことができずに後退を余儀なくさ
れると思います。

　もちろん、ホテル旅館が問われているのはインバウンド※への対応力だけではありま
せん。図表7のとおり、国内の旅行意欲も近年盛り返しているので、インバウンド※の
対応力以上に国内旅行者のニーズに柔軟に対応することが求められているのです。

【図表7】国内旅行の旅行者数と旅行消費額の推移

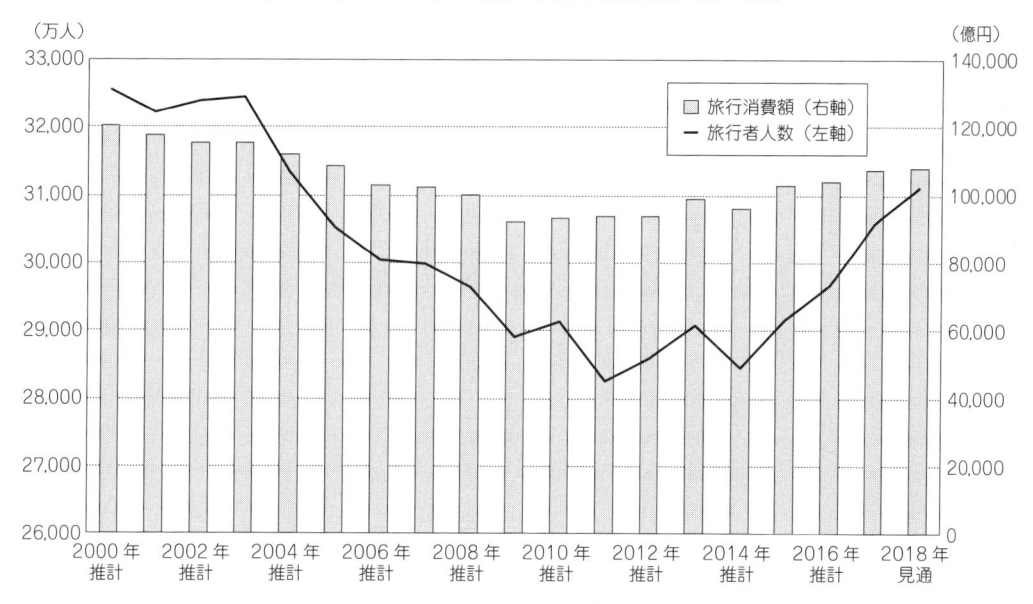

出典：JTB 広報発表資料「旅行動向見通し」

　以上見てきたとおり、激動する経営環境の中にあってホテル旅館が生き残り、かつ業
績を上げ続けるためには、様々な工夫が必要不可欠です。マーケティング面の工夫はも
ちろんですが、それ以外にもサービス、食事、設備・備品など、様々な分野において工
夫することによって、初めて生き残ることができるのです。

　そうした取り組みを可能にするためには、次の3点についてきちんと体制を整備する
ことが重要です。1つは「PDCA※を回す仕組みの整備」、2つ目は「それをうまく運用

する人材の確保」、そして3つ目は「その人材を率いることができる経営者がいる、あるいは育てること」です。激動するホテル旅館業界において、時代の波を捉えて伸びていけるか、それとも変化に対応できずに衰退していくかは、それらの総合力によって決まるといっても過言ではないのです。

2 事業性評価の必要性

1）ホテル旅館は装置産業かつ労働集約型産業

　ホテル旅館の場合、経営に総合力があるかどうかによって環境の変化に対応できるかどうかが決まります。したがって、この経営における総合力を評価することが、まさしく事業性評価になるわけです。

　例えば、ホテル旅館の特徴の一つに装置産業かつ労働集約型産業という側面があります。このうち特に装置産業としての側面がBSに大きな影響を与えます。というのもホテル旅館の建物・設備を維持していくためには、継続的な設備投資が必要だからです。具体的には、毎期売上の最低2％程度は施設・設備の修繕および更新にあてなければなりませんが、これはあくまでも建物・設備を維持していくための資金であり、すぐに売上には結びつきません。もちろん、長い目で見れば建物設備の老朽化を未然に防ぐために必要な設備投資と言えますが、すぐに売上に結びつかないため、どうしても計画的に資金を留保する動機が低くなってしまい、結果的に多くのホテル旅館が資金を留保できないままになっています。

　そのため、よく見かけるのが何らかの故障や不具合が生じて初めて建物・設備の維持に必要な設備投資を行うというパターンです。その場合、留保してきた修繕費でまかなえる程度の投資であれば問題ありませんが、それで賄えない場合は営業キャッシュフローから捻出するしか方法はありません。こうして経営難に陥ってしまうわけです。

　さらに、ホテル旅館の場合、建物・設備を維持するだけでなく、一定期間ごとに価値向上を目指すための改修、すなわち戦略的設備投資が経営上必要不可欠です。例えば、昔からの畳敷きの和室だけでは顧客のニーズを拾い上げることができないとなれば、モダンな客室に改装するなどの対応が必要です。このようにハード面での価値向上は、他のホテル旅館との競争に勝つために欠かすことができない戦略の1つと言えます。

　そうしたときに必ず問題になるのが、資金調達です。前述したように多くのホテル旅館が建物・設備の維持に必要な資金を場当たり的に自己資金でまかなっていると、どうしても大規模な修繕・改修時には借入に頼らざるを得ません。顧客からの目を引くために露天風呂付き客室に何室か改装したり、客室清掃の効率化を図るために和室にベッドを入れた和モダン風の客室に改装したりするためには、金融機関に借入をお願いするしかないわけです。もちろん改装計画策定時に、現実的な収益計画とアクションプランを立てていれば問題ありませんが、そこまで実現可能性の高い計画を立てているホテル旅館はほとんどないのが現状です。

　そうなると何が起こるでしょうか。仮に改装したものの計画通りの売上を確保するこ

とができない、あるいは生産性を向上させることができないといった事態になれば、計画通りの営業キャッシュフローを得ることはできません。だからと言って、返済をいきなり減らすわけにはいかないので、営業キャッシュフローを返済に回してしのごうとします。そういう状況が常態化すると建物・設備の維持に必要な設備投資すらできなくなり、結果的にホテル旅館としての基本機能をどんどん毀損していくことになるのです。そうなると、顧客の満足度だけでなく、口コミ評価も下がり、集客力は低下します。そして、最終的に返済に必要な営業キャッシュフローすら確保できなくなり、金融機関にリスケ※などの金融支援をお願いすることになってしまうのです。

　以上、見てきたとおりホテル旅館は装置産業なので、どうしても借入が過多となりがちです。しかし、過剰債務に悩まされているホテル旅館の中には、十分な返済には至らないまでも、収益性が比較的高いホテル旅館も存在します。それは、ホテル旅館にはもう一つ、労働集約型産業という側面があるからです。例えば、経営者が従業員を巻き込んで日々経営改善に取り組んでいる、あるいはマーケティング戦略が機能しているといった経営活動が収益力を引き上げます。このような経営活動を高いレベルで継続することによって、将来の収益力をさらに引き上げるポテンシャルが生まれるのです。

　ホテル旅館の事業の価値を見ようとする際の姿勢として、よく見かけるのが業績指標に固執する姿勢です。しかし、業績指標はあくまでも過去の数値でしかありません。したがって、この数値ばかり見ていてもホテル旅館の秘めたるポテンシャルを見抜くことはできないのです。例えば、過剰債務だから、あるいは現状のEBITDA※比率が5％程度に過ぎないといった理由だけで事業性が低いと判断するのは明らかに誤りです。事業性評価のためには、ホテル旅館の真価、つまり秘めたるポテンシャルを見抜くことがきわめて重要なのです。

2）事例研究

　地方の温泉地によくあるタイプの旅館です。

　平成10年前後に大規模な設備投資を実施し、団体向けの宴会場を新設、ロビー周り及び上層階の客室を改装しました。これらの設備投資にかかった資金はすべて借入でまかないましたが、その額は当時の年商に匹敵する額でした。

　しかし、改装後数年もするとお客様の嗜好が変化し、それまでの団体旅行から個人旅行へと一気にシフトしていきました。そのため団体向けの宴会場の稼働率が急速に落ち込み、実績も金融機関に提出した事業計画から大きく乖離したものになってしまったのです。当然、借入金の返済は計画どおりに進みません。逆に過剰な債務が残り、次第に資金繰りも悪化し、いよいよ経営改善計画を策定せざるを得ないといった段階で、弊社が支援することになったわけです。

　早速、弊社が過去の経営状況をチェックしたところ、営業利益は毎期ほぼ±0のため、大きな支払利息を控除した経常利益は毎期マイナスを計上していました。当然、簿価上の債務超過額も増加していましたが、これは過去に行った大規模な設備投資から毎期非常に大きな減価償却費を計上していたためで、償却前営業利益※率は10％を超えていました。つまり、事業性は十分あることが分かったのです。

　となると、今度は「どこに事業性があるのか」を探らなければいけません。確かにハード面では、個人向けの嗜好に合わない設備施設です。ところがソフト面を見ると、女将と若女将の二人三脚のきめ細かいおもてなしと、そのお二人が見せる郷土民謡が多くのお客様に受けていることがわかったのです。

　しかも、売上は低下傾向にありましたが、コスト管理が徹底されていることも見て取れました。例えば、原価については毎日仕入率を調理場と経営者が把握することで、異常値があればすぐに是正しているし、人件費もマルチタスク※が有効に機能しており、繁閑の差にうまく対応していたのです。

　こうした状況にかんがみ、我々は「これらの強みを活かしつつ、更に売上を伸ばす取り組みを行えば、十分収益性を改善できる」という確信を持ちました。そこで金融機関に対して、上記の強みを活かしたコンセプトの見直しと売上増加のための具体的取り組みについて説明することにしたのです。具体的な取り組みの中に「宴会場をオープンキッチン型のブッフェレストラン※に改装する」という新たな設備投資の案件も含めたのですが、特段の指摘を受けることなく了解を得ることができました。「温かいおもてなしをするためには、どうしても改装するべきだ」という我々の確信が、金融機関の担当者の理解につながったのだと思っています。

　こうして新規融資を含む経営改善計画は了解されたわけですが、問題は金融機関が将来の事業性を評価してくれるかどうかでした。しかし、そうした懸念も杞憂におわりました。それだけでなく、既存借入について一部DDS※を導入しつつ新規融資を実行することにも同意して頂けたのです。

　なぜ、この新規融資が必要な経営改善計画が評価されたのでしょうか。それは、コンセプトを明確にすることによって、具体的な取り組みに一貫性と信頼性を感じてもらうことができたからだと、筆者は思っています。その1つが、旅館のコンセプトを創業当初の売りだった「田舎の実家にいるようにくつろげる湯宿」に再設定することによって目指す方向を明確にし、その表現の一つとしてブッフェレストラン※を提案したことです。また、「目の前で調理するシェフを見ながら、お好きな料理を好きなだけ食べられるようにするとともに、女将と若女将による郷土民謡を毎夜ロビーで披露する」といったことが評価されたのだと思います。

　肝心のその後ですが、こうした個人向けのサービスが評判となり、それが口コミで広

がり、今では当該温泉地において目立つ存在になっています。もちろん収益も計画通り順調に上げており、見事に再生を果たしました。

　いかがでしょうか。もし過去の業績だけで判断していれば新規融資は実現されなかったでしょうし、旅館の収益を上げることもできなかったと思います。経営者の経営管理能力と女将と若女将のおもてなしといった旅館が持つ独自の強みに着目し、その将来性を見抜くことができたからこそ再生を果たすことができたのです。このように事業性評価を的確かつ正しく行い、それを新規融資につなげれば、ホテル旅館の再生は十分可能なのです。

3 評価項目の概要

1）結果指標とプロセス指標

　事業性評価において、当該ホテル旅館が激動する経営環境に対応できる力、あるいは生き残れるポテンシャルを持っているかどうかを見極めることがきわめて重要なポイントになります。つまり、財務データなどで定量的に評価する項目以上に、経営活動のレベルを定性的に評価する項目を重視する必要があります。

　問題は、評価する項目をどのように設定するかです。というのも、財務状況を評価する項目は財務の知見と少しの業界知識があれば作ることができますが、経営活動のレベルを定性的に評価する項目を作るためには、対象となる業界に関して深い知見が必要だからです。評価すべき経営活動の要素・求められる水準は産業によって全く異なるため、定性評価のための項目設定には深い知見が必要なのです。

　しかもホテル旅館業の場合、一般的な分類ではサービス業に属しますが、空間を売る装置産業という特殊性があるため、サービスレベルだけでなく建築物や設備など、施設設備に関する評価基準も定める必要があります。このように各要素において求められる水準を認識していなければ、有意な評価基準を作ることはできないのです。

　そこで、本書では弊社が数々のホテル旅館の事業再生に取り組んできた知見に基づき、業界の知見がない方でも平易に運用していただけるようホテル旅館業界用の評価項目・評価基準を提示していきます。簡潔かつ具体的に解説しているので、ホテル旅館業界に関する知見がない方にも容易に運用していただけるはずです。

【図表8】 ホテル旅館の事業性評価の評価項目概要

ホテル旅館の事業性評価項目（46 ～ 53 項目）（注）評価項目数は業態により異なる

結果指標による評価項目（8 ～ 9 項目）
（経営活動の結果数値をはかる、財務データ）

大分類	中分類	評価項目数（注）
投資・財務活動（2項目）	● 借入 ● 投資	1項目 1項目
収益力（6～7項目）	● 売上 ● コスト ● 利益	3項目 2～3項目 1項目

プロセス指標による評価項目（38 ～ 44 項目）
（定性的な経営活動のレベル・将来性をはかる）

大分類	中分類	評価項目数（注）
経営者（5項目）	● 社長の資質 ● 承継者の有無・資質	4項目 1項目
組織（6～8項目）	● 組織体制 ● 人的資源 ● 人材管理	4～5項目 1～2項目 1項目
経営管理（3～4項目）	● 予実管理 ● 資金繰り管理	2～3項目 1項目
マーケティング（8項目）	● 施設コンセプト ● プラン造成 ● 価格戦略 ● 販売チャネル管理 ● 広告宣伝	2項目 1項目 1項目 3項目 1項目
オペレーション（9～13項目）	● サービス ● 仕入 ● 調理 ● 施設管理 ● 清掃	2～3項目 1～2項目 2～3項目 1項目 3～4項目
施設（5～6項目）	● 客室 ● 大浴場 ● パブリック ● 消耗備品類	1項目 0～1項目 3項目 1項目

　ホテル旅館の事業性評価について、評価項目の全体像を示したのが図表8です（評価項目・評価基準の詳細については、第2章で解説します）。図のとおり、評価項目は「結果指標」（8～9項目）と「プロセス指標」（38～44項目）の2つに分けられます（項目数は業態により異なります）。

　まず、「結果指標」ですが、ここでは経営活動の結果数値である財務データをもとに評価します。大きな括りとしては「投資・財務活動」と「収益力」に分かれ、8～9個の評価項目があります。これらの評価項目によって、対象となるホテル旅館の実績、つまり顕在能力をはかります。

　一方、「プロセス指標」は、定性的な経営活動のレベルをもとに評価するもので、弊社の業界の知見を大いに盛り込んだ具体的な内容となっています。大きな括りとしては「経営者」「組織」「経営管理」「マーケティング」「オペレーション」「施設」の6つに分け、38～44個の評価項目があります。これらの評価項目を詳細に分析することによって、対象となるホテル旅館の将来性を見極めます。

　このように評価項目の数は、「結果指標」よりも「プロセス指標」による評価項目の

方が圧倒的に多くなっています。それは、将来性を見極めるためには、過去実績よりも現在取り組んでいる経営活動のレベルを重視する必要があるからです。

2）ホテル旅館の業態分類

　宿泊施設には様々な業態がありますが、本書では以下の4つの業態に関する事業性評価について解説します。なお、業態によって事業性評価の評価項目・評価基準は異なるので、注意して下さい。

・大中規模の旅館（客室 30 室以上）
・小規模の旅館（客室 30 室未満）
・ビジネスホテル
・シティホテル及びリゾートホテル

　上記において、旅館とは、客室が主に和室で、1泊2食を基本とする業態を指します。なお、旅館の中でも規模によって事業特性が異なるので、本書では旅館を「大中規模の旅館（客室 30 室以上）」と「小規模の旅館（客室 30 室未満）」に区分して扱います。

　一方、ホテルとは、客室が主に洋室となっている業態を指しますが、図表9のとおり様々な業態に細分化することができます。本書では、宿泊部門だけでなく料飲部門、宴会部門、婚礼部門を併設しているなど多機能で高級感のある「シティホテル及びリゾートホテル」と、一泊朝食付の宿泊機能が主流の「ビジネスホテル」に分けて解説します。

　近年は、よりシンプルに宿泊機能に特化することでリーズナブルさを際立たせた「宿泊特化型」と呼ばれるホテルも登場していますが、本書ではこれも「ビジネスホテル」に含めて扱うことにします。他にもいわゆる「カプセルホテル」がありますが、本書では対象外とします。

【図表 9】 ホテルの業態分類

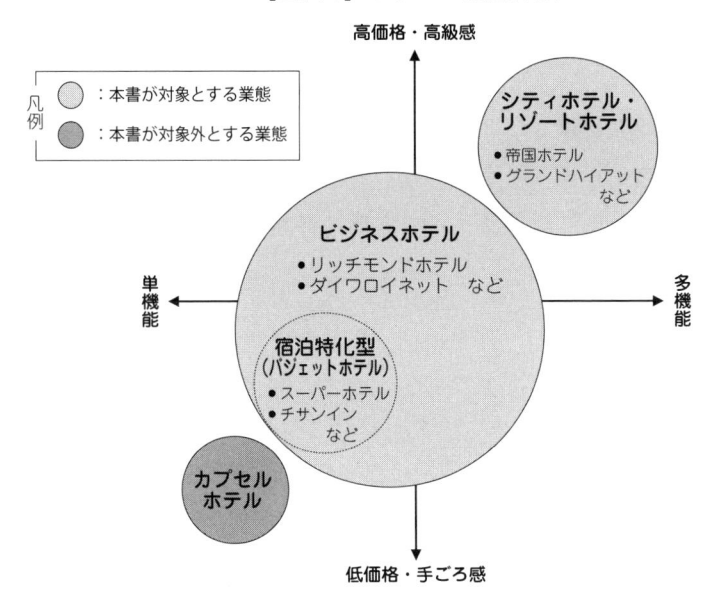

凡例

⚪ ：本書が対象とする業態

⚫ ：本書が対象外とする業態

高価格・高級感

**シティホテル・
リゾートホテル**
- 帝国ホテル
- グランドハイアット
　　　　など

ビジネスホテル
- リッチモンドホテル
- ダイワロイネット　など

単機能 ←　→ 多機能

**宿泊特化型
（バジェットホテル）**
- スーパーホテル
- チサンイン
　　など

**カプセル
ホテル**

低価格・手ごろ感

4　事業性評価の進め方

　ホテル旅館の事業性評価では、全評価項目をリストにした「事業性評価票」を使って対象となるホテル旅館を評価します。この「事業性評価票」には全ての評価項目と評価基準を具体的に記載しているので、業界の知見がない方でも簡単に評点をつけられるようになっています（図表10）。そして、この「事業性評価票」に記した評点を評価分野（評価項目の分類）別に集計し、どの分野に強み・弱みがあるのかを見出すことによって、対象となるホテル旅館の総合力を見極めていきます。

　具体的には、次のステップで事業性評価を進めます。

　ステップ①：評価項目に沿って情報を集め、評点をつける

　ステップ②：評点を集計する

　ステップ③：評価結果から対象となるホテル旅館の総合力を見極める

　以下、各ステップの作業について見ていきましょう。

1）評価項目に沿って情報を集め、評点をつける

　「事業性評価票」の評価項目に沿って、対象となるホテル旅館へのヒアリングや財務資料等から情報を集め、各評価項目に1点〜3点の評点をつけます。評価項目には、それぞれ評価基準として3段階評価の選択肢が記載されているので、選択肢の中から対象となるホテル旅館に当てはまるものを選ぶことで評点をつけていきます。

　なお、「事業性評価票」には「旅館（客室30以上）用」「旅館（客室30未満）用」「ビジネスホテル用」「シティホテル・リゾートホテル用」の4種類あり、それぞれ評価項目・評価基準が一部異なります。本書の巻末に全評価項目をリストにした「事業性評価票」を掲載していますので、対象となるホテル旅館の業態に応じて使用する評価票を選択してください。本書の巻末には「事業性評価票」のエクセルファイルのダウンロードサイトのアドレスも掲載しています。

【図表 10】 「事業性評価票」（大中規模の旅館用、一部抜粋）

事業性評価票　＜旅館（客室30以上）用＞

対象施設名：○○旅館

・総売上高	1,100,000 千円
・償却前営業利益	97,000 千円
・有利子負債残高	1,700,000 千円

評価実施日：　2018/12/1　　評価担当者：　○○

項目ID	評価項目			評価基準			参考			評点記入欄	
	大分類	中分類	評価項目詳細（具体的な確認事項）	評点：3点（良い）	評点：2点（普通）	評点：1点（悪い）	定性/定量	指標分類	診断材料の例	対象施設の評点（1・2・3のいずれかを入力）	メモ
1	投資・財務活動	投資	適正な設備投資ができているか？	毎期の設備投資が総売上高の2%以上あり、過去10年に総売上高の10%以上の大規模投資をしている	毎期の設備投資の規模が総売上高の2%以上ある	毎期の設備投資の規模が総売上高の2%に満たない	定量	結果指標	ヒアリング、固定資産台帳等	1点	
2	投資・財務活動	借入	有利子負債が年商に対して大きすぎないか？	有利子負債対年商倍率が1倍未満である	有利子負債対年商倍率が1倍以上2倍未満である	有利子負債対年商倍率が2倍以上である	定量	結果指標	ヒアリング、財務資料等	2点	
3	収益力	売上	施設規模に相応しい売上がある	1室あたり総売上が1,000万円以上である	1室あたり総売上が700万円以上1,000万円未満である	1室あたり総売上が700万円未満である	定量	結果指標	財務資料等	3点	
4	収益力	売上	客室が充分に稼働しているか？	客室稼働率が70%以上ある	客室稼働率が50%以上70%未満である	客室稼働率が50%未満である	定量	結果指標	ヒアリング、経営管理資料等	2点	
5	収益力	売上	売上の大幅な減少はないか？	直近3年の売上成長率がマイナスでない	直近3年の売上成長率が▲5%以上0%未満である	直近3年の売上成長率が▲5%未満である	定量	結果指標	財務資料等	2点	
6	収益力	コスト	料理材料の仕入コストは適正か？	料理材料の対売上比率が20%未満である	料理材料の対売上比率が20%以上23%未満である	料理材料の対売上比率が23%以上である	定量	結果指標	財務資料等	1点	
7	収益力	コスト	人件費・外注費は適正か？	人件費比率（外注費含む）が30%未満である	人件費比率（外注費含む）が30%以上35%未満である	人件費比率（外注費含む）が35%以上である	定量	結果指標	財務資料等	2点	

2）評点を集計する

　「事業性評価票」の全ての評価項目に評点をつけ終えたら、評点を集計します。集計は、どの分野に強み・弱みがあるのかを見極めるため、評価分野単位で平均評点を算出する方法で求めます。その際、「事業性評価票」に記載してある評価項目の分類名を、そのまま評価分野として使うことができるので、ぜひ活用してください。

　また、集計する際は、「結果指標」と「プロセス指標」の二つに分けて、それぞれ集計します。「結果指標」の評価結果は顕在能力を、「プロセス指標」の評価結果は将来性を見極める指標として活用するためです。なお、どちらの指標に該当するかは、「事業性評価票」の「参考」列の「指標分類」列に記載しているので参考にしてください。

【図表 11】事業性評価結果の集計例

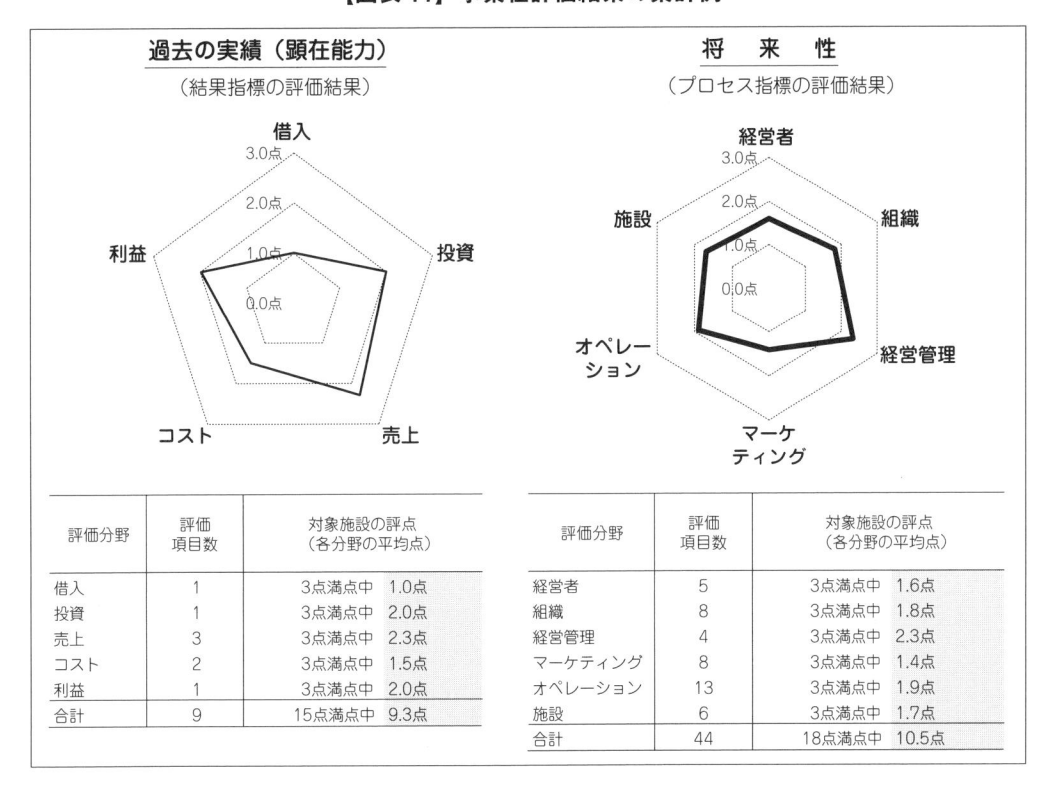

図表 11 は、事業性評価結果の集計例です。このように集計・グラフ化すると、対象となるホテル旅館の評価結果が一目で分かります。なお、図中に表示している数値や評価結果は架空のものであり、本書で取り上げる事例とは一切関係のないことをあらかじめお断りします。

この「事業性評価結果のシート」についても、「事業性評価票」と同様に本書の巻末に掲載するとともにエクセルファイルのダウンロードサイトのアドレスを掲載しています。特にエクセルファイルについては、「事業性評価票」に評点を入力することによって、「事業性評価結果」のシートに自動的に集計結果が表示されるので便利です。ぜひ、お手元のパソコンにダウンロードして活用してください。

3）評価結果からホテル旅館の総合力を見極める

評価結果をまとめたら、そこから対象となるホテル旅館の総合力を見極めます。評点は「3 点＝強い分野」「2 点＝普通の分野」「1 点＝弱い分野」を意味します。このレーダーチャートの形から、どの分野に強み・弱みがあるのかを把握することができます。

なお、過去の実績（顕在能力）を表す「結果指標」の評価結果と、将来性を表す「プロセス指標」の評価結果は別々にチェックする必要があります。それは、2）で述べた

通り「結果指標」の評価結果は既に業績として顕在している力を表したものに過ぎないのに対して、「プロセス指標」の評価結果は、現在行われている経営活動のレベルの評価結果であり、ここで見出された強み・弱みが、将来の業績を左右する可能性が高いからです。

　したがって、対象となるホテル旅館の総合力を見極める際は、過去の実績（顕在能力）を表す「結果指標」の評価結果をベースに、将来性を表す「プロセス指標」の評価結果を加味して見極めることがきわめて重要になります。例えば、「結果指標」の評価結果において「売上」分野（売上獲得力）が弱いホテル旅館でも、将来性を表す「プロセス指標」の評価結果における「マーケティング」分野の評価が高ければ、収益力を改善していけるポテンシャルがあると言えるのです。

　逆に、「結果指標」の評価結果において「売上」分野（売上獲得力）が強いホテル旅館でも、将来性を表す「プロセス指標」の「マーケティング」分野の評価が低ければ、これまでの売上が偶発的な外部要因によってもたらされた可能性があります。もし、そうであれば長続きしない可能性も否定できません。このように結果指標の評価を鵜呑みにせず、その背景まできちんと見て判断することが重要なのです。

　もしも、融資担当の皆さんが事業性評価の結果が思わしくないホテル旅館と融資取引をすることになった場合、どのような点に注目するべきなのでしょうか。そのときは、迷うことなく将来性を表す「プロセス指標」で顕在化した弱みを主な経営支援のテーマに据えて、支援策を検討するべきです。

第2章
ホテル旅館の事業性評価手法

●この章のポイント●

本章では、ホテル旅館の事業性評価で使用する評価項目と
評価基準について解説します。

本書の巻末に付録として収載している「事業性評価票」を
利用するに当たって、解説を必要とする評価項目や評価基
準がある場合、本章をご参照ください。

なお、本章では「事業性評価票」にある項目 ID の順に、
全ての評価項目を解説しています。

1 結果指標による評価項目

「事業性評価票」の項目ID1番～9番の9個（ビジネスホテルの場合は1番～8番の8個）が、結果指標による評価項目です。結果指標による評価項目は全て定量評価で、評価の対象は過去の実績値です。過去の財務資料や経営管理資料から評価対象のホテル旅館の数値を確認し、評価基準に従って各評価項目に1点～3点の評点をつけます。

1）分類「投資・財務活動（投資）」の評価項目
■評価項目「適正な設備投資ができているか？」

（「事業性評価票」における項目ID）
●大中規模旅館（客室30以上）用 ・・・1番
●小規模旅館（客室30未満）用 ・・・1番
●ビジネスホテル用 ・・・1番
●シティホテル・リゾートホテル用 ・・・1番

（評価方法の詳細）

　毎期の設備投資額が総売上高に対してどれくらいの比率かを算定し、そのパーセンテージで評価します。

　設備投資額は、固定資産の取得や設備の改修・修繕・更新に実際に支出した金額です。設備投資については、期によって波がある可能性があるので、継続性を見るためには、少なくとも直近3期程度、できれば10期程度の数字の平均値で評価する必要があります。

（評価材料の入手方法）

　固定資産の取得や設備の改修・修繕・更新に実際に支出した金額は、固定資産台帳で確認します。

（評価基準）

　毎期の設備投資額の総売上高に占める比率が2%に満たなければ「1点（悪い）」、2%以上であれば「2点（普通）」、そして2%以上であることに加え、過去10年の間に総売上高の10%以上の大規模投資をしていれば「3点（良い）」とします。

（考え方）

　この評価項目では、以下の3点について見ています。

・十分な量の設備投資ができているか

・継続的な設備投資ができているか

・建物・設備を維持するだけでなく、10年に一度は戦略的設備投資を行っているか

　ホテル旅館は装置産業なので、建物・設備の維持は絶対に欠かせないマストの要件です。というのも老朽化や故障・不具合が顕在化すると、当該ホテル旅館の売上は確実に落ちていくからです。建物・設備は、基本的に時間の経過とともに確実に劣化します。したがって、「一度改修すれば安心」というわけにはいきません。継続的に設備投資を行うことによって、初めて建物・設備を維持することができるのです。

　では、具体的に最低限必要な設備投資として、どの程度の額が必要なのでしょうか。これまで多くのホテル旅館の再生支援を手掛けた経験上、弊社は売上の2％以上の額が必要と考えています。

　ただし、単に建物・設備を維持しているだけでは宿泊者のニーズの変化や競争環境の変化に対応することができず、顧客の評価は下がり、客足が遠のいてしまいます。そうした事態を回避するためには、一定期間ごとに価値の向上を目指した戦略的な設備投資が必要不可欠です。例えば、露天風呂付き客室や和室にベッドを入れた和モダン風の客室への改装などが考えられます。筆者の経験則上、こうした大規模な改修を行うためには、総売上高の10％以上の資金が必要であり、最低10年に1度は改修が必要だと考えます。

2) 分類「投資・財務活動（借入）」の評価項目
■評価項目「有利子負債が年商に対して大きすぎないか？」

（「事業性評価票」における項目ID）
●大中規模旅館（客室30以上）用・・・2番
●小規模旅館（客室30未満）用・・・2番
●ビジネスホテル用・・・2番
●シティホテル・リゾートホテル用・・・2番

（評価方法の詳細）
　直近期末時点の有利子負債が総売上高に対してどれくらいの比率であるかを算定し、その倍率で評価します。なお、融資を検討している際は、直近期末時点の有利子負債に融資予定金額を加味して算定することになります。

（評価材料の入手方法）
　有利子負債の総額は、財務資料などで確認します。

（評価基準）
　有利子負債対年商倍率※が2倍以上は「1点（悪い）」、1倍以上2倍未満は「2点（普通）」、そして1倍未満は「3点（良い）」とします。

（考え方）

この評価項目では、「融資取引をするうえで最低限の債務規模におさまっているか」を大まかに評価します。

評価基準は、有利子負債対年商倍率※が1倍以上2倍未満を「2点（普通）」としていますが、有利子負債対年商倍率※が1倍以上になると、ホテル旅館の標準的な利益率では債務償還年数が10年を超えることが多いので、一般的には過剰債務の状態と言えます。しかし、弊社がこれまで多くのホテル旅館の再生支援を手掛けた経験上、現実的には有利子負債対年商倍率※が2倍未満の範囲であれば、十分返済に取り組めると考えます。

3）分類「収益力（売上）」の評価項目
■評価項目「施設規模に相応しい売上があるか？」

（「事業性評価票」における項目ID）

●大中規模旅館（客室30以上）用 …3番

●小規模旅館（客室30未満）用 …3番

●ビジネスホテル用 …3番

●シティホテル・リゾートホテル用 …3番

（評価方法の詳細）

直近期の総売上高を客室数で除して「1室あたり総売上」を算定し、その金額で評価します。

（評価材料の入手方法）

総売上は財務資料など、客室数はパンフレットなどで確認します。

（評価基準）

大中規模旅館・小規模旅館・ビジネスホテルの場合、1室あたり総売上が700万円未満は「1点（悪い）」、700万円以上1,000万円未満は「2点（普通）」、1,000万円以上であれば「3点（良い）」とします。

また、シティホテル及びリゾートホテルの場合は、1室あたり総売上が1,000万円未満は「1点（悪い）」、1,000万円以上1,500万円未満は「2点（普通）」、1,500万円以上が「3点（良い）」となります。

なぜシティホテル及びリゾートホテルの評価基準を他業態より高めに設定するかというと、その多くが料飲部門、宴会部門、婚礼部門などを併設しているため、1室あたり総売上が高くなる傾向にあるからです。

（考え方）

ホテル旅館の売上と費用を最も大きく左右する要素の1つが客室数です。厳密には地

域差も加味する必要がありますが、ここではあくまでも客室数に相応しい売上があるかどうか、つまり当該ホテル旅館の収益力を評価することに重点を置いています。

■評価項目：「客室が充分に稼働しているか？」

（「事業性評価票」における項目ID）
- 大中規模旅館（客室30以上）用・・・4番
- 小規模旅館（客室30未満）用・・・4番
- ビジネスホテル用・・・4番
- シティホテル・リゾートホテル用・・・4番

（評価方法の詳細）

直近の客室稼働率（年間平均）の実績で評価します。計算式は、以下のとおりです。

客室稼働率（年間平均）＝年間販売室数÷年間販売可能室数[注]

（注）年間販売可能室数＝客室数×年間稼働日数

修繕中であるなどの理由で販売できない客室がある場合は、客室数から除きます。また、客室稼働率は通常季節変動があるので、年間平均で見ます。

（評価材料の入手方法）

当該ホテル旅館が客室稼働率（年間平均）をきちんと管理している場合は、ヒアリングによって確認できます。また、厳密に算定する必要がある場合は、年間販売室数については経営管理資料や予約データなどで、客室数はパンフレットなどで確認し、稼働日数はヒアリングによって確認します。

（評価基準）

大中規模旅館・小規模旅館・シティホテル及びリゾートホテルの場合、客室稼働率が50％未満は「1点（悪い）」、50％以上70％未満は「2点（普通）」、70％以上であれば「3点（良い）」とします。

また、ビジネスホテルの場合は、客室稼働率が60％未満は「1点（悪い）」、60％以上80％未満は「2点（普通）」、80％以上であれば「3点（良い）」とします。ビジネスホテルは他の業態に比べると設備・備品・オペレーションなどが比較的簡素で、低価格・高稼働のビジネスモデルと言えるので、客室稼働率の評価基準を他業態より高めに設定しています。

（考え方）

客室稼働率は、ホテル旅館の売上と費用に大きな影響を与えます。厳密には地域差も加味する必要がありますが、ここではあくまでも客室が稼働しているかどうか、つまり当該ホテル旅館の収益力を評価することに重点を置いています。

■価項目「売上の大幅な減少はないか？」

（「事業性評価票」における項目 ID）
●大中規模旅館（客室 30 以上）用 ･･･5 番
●小規模旅館（客室 30 未満）用 ･･･5 番
●ビジネスホテル用 ･･･5 番
●シティホテル・リゾートホテル用 ･･･5 番

（評価方法の詳細）
　直近 3 期の総売上の成長率で評価します。

（評価材料の入手方法）
　直近 3 期の総売上の成長率は、財務資料で確認します。

（評価基準）
　直近 3 期の総売上の成長率がマイナス 5% 未満は「1 点（悪い）」、マイナス 5% 以上 0% 未満は「2 点（普通）」、マイナスでなければ「3 点（良い）」とします。

（考え方）
　この評価項目では、例えば「適正な設備投資ができていない」「その他の経営活動が適切でない」といった、何らかの要因によって売上獲得力が衰えていないかをチェックします。

4）分類「収益力（コスト）」の評価項目

　ホテル旅館の三大コストは「売上原価（特に料理材料仕入）」「人件費・外注費」「水道光熱費」です。分類「収益力（コスト）」に含まれる 3 つの評価項目は、それぞれのコストを評価するものです。

■評価項目「料理材料の仕入コストは適正か？」
（シティホテル・リゾートホテル用では「料飲部門の原価率は適正か？」）

（「事業性評価票」における項目 ID）
●大中規模旅館（客室 30 以上）用 ･･･6 番
●小規模旅館（客室 30 未満）用 ･･･6 番
●ビジネスホテル用 ･･･ 項目なし
●シティホテル・リゾートホテル用 ･･･6 番

（評価方法の詳細）
　直近期の料理材料費比率（料理材料仕入費用の総売上対比）で評価します。

　ただし、シティホテル及びリゾートホテルは、直近期の料飲部門の売上原価率（料飲部門原価の料飲部門売上対比）で評価します。具体的には、全社の売上と原価から料飲部門だけの売上と原価を切り分けて、料飲部門だけの売上原価率を算定します。なぜそうするかというと、シティホテル及びリゾートホテルの場合、その多くが料飲部門、宴会部門、婚礼部門などを併設しているため、部門ごとに原価の傾向が異なるからです。部門別の会計がなく、切り分けが難しい場合は、旅館用の評価項目と評価基準を代用します。

　なお、ビジネスホテルの場合、料理材料仕入がない、あっても軽微なケースがほとんどなので、この評価は不要です。

（評価材料の入手方法）

　料理材料費比率（シティホテル及びリゾートホテルの場合は料飲部門の原価率）は財務資料で確認します。

（評価基準）

　大中規模旅館・小規模旅館の場合は、料理材料費比率が23%以上は「1点（悪い）」、20%以上23%未満は「2点（普通）」、20%未満であれば「3点（良い）」とします。

　一方、シティホテル及びリゾートホテルの場合は、全社の売上と原価から料飲部門だけの売上と原価を切り分けて算定した料飲部門の売上原価率が35%以上は「1点（悪い）」、30%以上35%未満は「2点（普通）」、30%未満であれば「3点（良い）」とします。このようにシティホテル及びリゾートホテルの原価率の評価基準が他業態より高くなっているのは、他業態が総売上を分母にして原価率を算定するのに対して、シティホテル及びリゾートホテルは料飲部門売上を分母にして原価率を算定するからです。

（考え方）

　利益率が悪いホテル旅館の多くが、三大コストである「売上原価（特に料理材料仕入）」「人件費・外注費」「水道光熱費」のいずれかが適正に回っていない、と考えられます。ここでは、ホテル旅館の主要コストの1つである料理材料の仕入コスト（料飲部門の原価）が適正範囲にあるかどうかを見ます。

■評価項目「人件費・外注費は適正か？」

（「事業性評価票」における項目ID）
●大中規模旅館（客室30以上）用・・・7番
●小規模旅館（客室30未満）用・・・7番
●ビジネスホテル用・・・6番
●シティホテル・リゾートホテル用・・・7番

（評価方法の詳細）

　直近期の人件費比率（人件費の総売上対比）で評価します。

　ここで見る人件費には、役員報酬、給料手当、退職金、雑給、法定福利費、福利厚生費などがあります。そのほかに売上原価として直接労務費を計上しているホテル旅館の場合は、直接労務費も含めます。また、外注費、業務委託費、人材派遣費などのうち、本質的にそのホテル旅館の人件費であると考えられるものがあれば、それらも人件費に含めます。

（評価材料の入手方法）

　人件費比率は財務資料で確認します。

（評価基準）

　大中規模旅館・ビジネスホテル・シティホテル及びリゾートホテルの場合は、人件費比率が35%以上は「1点（悪い）」、30%以上35%未満は「2点（普通）」、30%未満であれば「3点（良い）」とします。

　一方、小規模旅館の場合は、人件費比率が40%以上は「1点（悪い）」、35%以上40%未満は「2点（普通）」、35%未満であれば「3点（良い）」とします。

（考え方）

　利益率が悪いホテル旅館の多くが、三大コストである「売上原価（特に料理材料仕入）」「人件費・外注費」「水道光熱費」のいずれかが適正に回っていない、と考えられます。ここでは、ホテル旅館の主要コストの1つである人件費・外注費が適正範囲にあるかどうかを見ます。

■評価項目「水道光熱費は適正か？」

（「事業性評価票」における項目ID）
- ●大中規模旅館（客室30以上）用・・・8番
- ●小規模旅館（客室30未満）用・・・8番
- ●ビジネスホテル用・・・7番
- ●シティホテル・リゾートホテル用・・・8番

（評価方法の詳細）

　直近期の水道光熱費比率（水道光熱費の総売上対比）で評価します。

（評価材料の入手方法）

　水道光熱費比率は財務資料で確認します。

（評価基準）

　大中規模旅館・小規模旅館・ビジネスホテルの場合は、水道光熱費率が9%以上は

「1点（悪い）」、7％以上9％未満は「2点（普通）」、7％未満であれば「3点（良い）」
とします。

　一方、シティホテル及びリゾートホテルの場合は、水道光熱費率が7％以上は「1点
（悪い）」、5％以上7％未満は「2点（普通）」、5％未満であれば「3点（良い）」としま
す。

　シティホテル及びリゾートホテルの水道光熱費比率の評価基準が他業態より低いのは、
「料飲部門、宴会部門、婚礼部門などを併設しているため、総売上の中に宿泊以外の売
上が他業態より多く含まれること」「温泉や浴場にかかる水道使用量が他業態より少な
いこと」からです。

（考え方）

　利益率が悪いホテル旅館の多くが、三大コストである「売上原価（特に料理材料仕
入）」「人件費・外注費」「水道光熱費」のいずれかが適正に回っていない、と考えられ
ます。ここでは、ホテル旅館の主要コストの1つである水道光熱費が適正範囲にあるか
どうかを見ます。

5）分類「収益力（利益）」の評価項目
■評価項目「利益率は適正か？」

（「事業性評価票」における項目ID）
- ●大中規模旅館（客室30以上）用…9番
- ●小規模旅館（客室30未満）用…9番
- ●ビジネスホテル用…8番
- ●シティホテル・リゾートホテル用…9番

（評価方法の詳細）

　直近期の償却前営業利益※率で評価します。

（評価材料の入手方法）

　財務資料で確認します。

（評価基準）

　大中規模旅館・シティホテル及びリゾートホテルの場合は、償却前営業利益※率が
5％未満は「1点（悪い）」、5％以上15％未満は「2点（普通）」、15％以上であれば「3
点（良い）」とします。

　小規模旅館の場合は、償却前営業利益※率が5％未満は「1点（悪い）」、5％以上
10％未満は「2点（普通）」、10％以上であれば「3点（良い）」とします。

　ビジネスホテルの場合は、償却前営業利益※率が15％未満は「1点（悪い）」、15％以

上 30% 未満は「2 点（普通）」、30% 以上であれば「3 点（良い）」とします。

（考え方）

　この評価項目では、何らかの背景が引き起こす利益率の悪化が顕在化していないかをチェックします。

2 プロセス指標による評価指標

　巻末付録「事業性評価票」の項目 ID10 番以降の全評価項目（ビジネスホテルの場合は９番以降の全評価項目）が、プロセス指標による評価項目です。同評価項目は、ほとんどが定性評価で、評価対象は過去の実績ではなく、現在の活動内容です。この「事業性評価票」をヒアリングシートやチェックシートとして活用することによって、評価の対象となるホテル旅館の状態を確認します。

　結果指標と同様に、確認結果と評価基準を照らし合わせて、各評価項目に１点～３点の評点をつけます。

1）分類「経営者」の評価項目

　例えば、無謀な設備投資によって過大な債務を残してしまうなど、経営者の判断ミスが重大な事態を引き起こすことは少なくありません。しかし、一方で経営者にしかるべき資質があれば、業績改善は十分可能です。

　では、具体的にどのような資質が経営者にあれば、業績改善は可能なのでしょうか。その一例を挙げると、「強い改善意欲があって適切な改善策を見極めることができる」「従業員を巻き込んで改善策を実行する推進力がある」「組織に浸透させるマネジメント力がある」といった資質が挙げられます。

　このように経営者の評価はきわめて重要なポイントになりますが、その一方で定量的に測るのが最も難しい分野でもあります。そこで、本書では「経営者の何を見るべきか」「何に着目すべきか」といったことについて、具体的なポイントを挙げて評価項目に落とし込みました。

■評価項目「改善に向けた社長の意欲は？」

（「事業性評価票」における項目 ID）
- ●大中規模旅館（客室 30 以上）用 … 10 番
- ●小規模旅館（客室 30 未満）用 … 10 番
- ●ビジネスホテル用 … 9 番
- ●シティホテル・リゾートホテル用 … 10 番

（評価方法の詳細）

　業績改善について、社長自身が前向きであるか、その意欲が感じられるかを評価します。改善意欲があるかどうかを評価するには、以下の２点に着目する必要があります。

・ポジティブでエネルギーを感じることができるか

・自身や現状を過信せず、改善すべき問題点、例えば自身や会社の悪いところを見つけることに積極的かどうか

　本気で経営改善に取り組もうと考えている経営者は、現状を的確に把握することに真剣に向き合います。例えば、社長自身の経営判断ミスがあった場合、それに気づいて反省できる謙虚さや客観性があるかどうかは、改善意欲をみる1つのポイントとなります。

（評価材料の入手方法）

　社長本人とのコミュニケーションで確認します。

（評価基準）

　社長の改善意欲が一般的な水準で感じられれば「2点（普通）」、特筆すべきレベルで強い意欲が感じられる場合は「3点（良い）」とします。一方、社長に意欲が感じられずネガティブ思考だった場合、あるいは自身の経営手腕を過信し改善余地があることを認めない場合は「1点（悪い）」となります。

（考え方）

　この評価項目では、「社長にモチベーションがあるかどうか」「適切な改善策を策定する資質を持っているかどうか」をチェックします。

■評価項目「社長自身の経験・知見を意思決定に活かしているか？」

（「事業性評価票」における項目ID）

●大中規模旅館（客室30以上）用···11番

●小規模旅館（客室30未満）用···11番

●ビジネスホテル用···10番

●シティホテル・リゾートホテル用···11番

（評価方法の詳細）

　営業方針や人員採用計画、価格改定、修繕計画など、会社の重要事項の意思決定に際して、社長の経験・知見が活かされているかを評価します。

（評価材料の入手方法）

　社長本人や役員などへのヒアリングで確認します。

（評価基準）

　社長が自身の経験・知見に基づいて意思決定している場合は「2点（普通）」。社長に特筆すべき充分な経験・知見があり、それに基づいて意思決定している場合は「3点（良い）」とします。一方、社長の決裁なく重要事項を実行するなど、決裁プロセスが不適正だったり機能していない場合、あるいは社長が日常的に他者に言われるまま決裁し

ている、精査しないまま承認印を押印している場合は「1点（悪い）」となります。

（考え方）

　この評価項目では、「経営者が組織のトップとしてきちんと機能しているか」「意思決定が形骸化していないか」をチェックします。

■評価項目「社長は従業員とコミュニケーションを取ったり他者の意見に耳を傾けたりしているか？」

（「事業性評価票」における項目ID）
- 大中規模旅館（客室30以上）用…12番
- 小規模旅館（客室30未満）用…12番
- ビジネスホテル用…11番
- シティホテル・リゾートホテル用…12番

（評価方法の詳細）

　ここでは、「会議以外の場面で社長が従業員と会話をする場面があるか」「社長に対して意見を言える職場であるか」「社長が必要に応じて外部専門家などから意見を聞いているか」等について評価します。

（評価材料の入手方法）

　社長や社長と距離が近い役員、従業員にヒアリングを行うことによって確認します。

（評価基準）

　社長が従業員とコミュニケーションを取ったり、社内や外部専門家など他者の意見に耳を傾けたりすることが時々ある場合は「2点（普通）」。そのようなことが基本的にない、あるいは従業員との距離感が遠いため気軽に意見を言うことができない社長の場合は「1点（悪い）」とします。一方、「社長自ら従業員に日常的・積極的に声掛けすることに努めている」「従業員と食事を共にする場を積極的に設けている」「社長に対して気軽に意見が言える仕組みや雰囲気が醸成されている」といった場合は「3点（良い）」となります。

（考え方）

　この評価項目では、他者の意見から新たな視点を得ようとする社長の姿勢や、社長の従業員を巻き込む力の強さを見ます。例えば、外部専門家や従業員から新たな視点を得ようとする姿勢が社長にあれば、自ら考えている改善策をよりブラッシュアップさせることができます。つまり、従業員を巻き込む力があるかどうか、その力はどの程度かによって、掲げた方針や改善策の実現性を見ることができるのです。

■評価項目「社長は決定事項を浸透させる方策を自ら主体的に講じているか？」

（「事業性評価票」における項目 ID）
●大中規模旅館（客室 30 以上）用・・・13 番
●小規模旅館（客室 30 未満）用・・・13 番
●ビジネスホテル用・・・12 番
●シティホテル・リゾートホテル用・・・13 番

（評価方法の詳細）

　会議で決定した改善策を組織全体に浸透させるため、社長が自ら主体的に考えたり取り組んだりしているかどうかを評価します。

　例えば、近隣の競合他社と差別化するためにコンセプトをより高級な路線に変更し、サービスレベルや価格、プラン内容をコンセプトに沿って見直すことを経営会議で決定したとします。ここまで来るだけでも相当な労力が必要ですが、それを実行に移し、かつ組織に PDCA※サイクルを浸透させるにはさらに大きなパワーが必要になります。

　ここでは、そういった大仕事に対して、社長がどの程度主体的に関与しているかを評価します。

（評価材料の入手方法）

　社長本人や役員などへのヒアリングで確認します。

（評価基準）

　会議で決めたことを実行に移すための方策を社長が主体的に講じたり、PDCA※を社長が自ら率先して回している（社長が定例会議を開催して状況報告を求めるなど）場合は「3 点（良い）」。会議で決めたことを実行に移す担当者を任命し、その担当者に任せている場合は「2 点（普通）」とします。一方、会議で決めても実行に移さない、あるいは社長自ら任命や指示をすることなく、他の役員や従業員に任せきりにしている場合は「1 点（悪い）」となります。

（考え方）

　この評価項目では、社長のマネジメント力をチェックします。改善策を自ら策定するとともに、その改善策の PDCA※サイクルを組織に浸透させるマネジメント力があれば、着実に改善を実現していくことができます。

■評価項目「経営者としての資質がある承継者はいるか？」

（「事業性評価票」における項目 ID）

●大中規模旅館（客室 30 以上）用…14 番

●小規模旅館（客室 30 未満）用…14 番

●ビジネスホテル用…13 番

●シティホテル・リゾートホテル用…14 番

（評価方法の詳細）

「承継者が明確に決まっているか」「決まっている場合、その承継者に経営者としての資質があるか」といったことについて評価します。

なお、「承継者に経営者の資質があるかどうか」については、以下の点で評価します。

・強い改善意欲があって改善策の提言に積極的か

・改善策を実行するにあたって従業員を動かす推進力、人望があるか

・改善策を組織に浸透させるためのマネジメントにきちんと関与しているか

（評価材料の入手方法）

社長本人や役員などへのヒアリングで確認します。

（評価基準）

承継者が明確に決まっていて、かつ、その承継者に経営者としての資質がある場合は「3 点（良い）」。承継者が明確に決まっているが、その承継者に経営者としての資質がない場合、あるいは承継者となる可能性がある人材は存在するが、確実性が担保できない場合は「2 点（普通）」とします。一方、承継者となりそうな人材が存在しないため、現社長退任後の会社存続の見通しがつかない場合は「1 点（悪い）」となります。

（考え方）

承継者の有無は、ホテル旅館にとって事業の継続性を左右する重要なポイントです。というのも、「経営は順調なのに承継者が見つからないため廃業せざるを得ない」というホテル旅館は少なくないからです。そうしたリスクをチェックするために、必ず承継者の有無等について確認する必要があります。

2）分類「組織」の評価項目

「組織」の分類では、以下に着目し、「適切な組織運営を行っているか」「変化に対応できる組織体制になっているか」といったことについて評価します。

・組織の体制、職務分掌、指示命令系統、会議体

・人的資源の状況（優秀な人材の有無）

・人材管理（人事制度）

なお、ホテル旅館の組織構造は、フロント、予約、営業、総務経理、仲居、宴会係、内務、用度※、清掃など、機能別組織になっていることが多いので、本書では機能別組織を想定して解説します。

■評価項目「売上規模に応じた組織図になっているか？」

（「事業性評価票」における項目ID）
- ●大中規模旅館（客室30以上）用···15番
- ●小規模旅館（客室30未満）用···15番
- ●ビジネスホテル用···14番
- ●シティホテル・リゾートホテル用···15番

（評価方法の詳細）

　部門や階層の数は、売上や人員数など様々な数値によって適正数が異なります。したがって、ピラミッドの部門・階層数が多すぎても、逆に少なすぎても組織運営に支障をきたすことになります。そこで、ここでは「対象となるホテル旅館の部門・階層数が適正規模に収まっているかどうか」について評価します。

　具体的には、まず部門の数について、「売上規模や業務量などにかんがみて、多すぎないか、少なすぎないか」を評価します。例えば、家族経営の小規模旅館の場合、「フロント」「予約」「中居」「清掃」といった部門に専任スタッフを設けるほどの業務量にはなりません。そのため、ほとんどの小規模旅館が1人のスタッフに複数業務を兼任させることによって、部門の数を少なくしています。一方、業務量の多い大規模旅館が1人のスタッフに複数業務を兼任させると、肝心なサービスの質を落としかねないので注意が必要です。

　また、階層の数ですが、これについては、「階層が必要以上に深すぎないか」「1人の管理者が管理する人数と業務範囲に無理がないか」といった観点から評価します。

（評価材料の入手方法）

　組織体制については、評価対象のホテル旅館の組織図や総務担当者などへのヒアリングで確認します。

（評価基準）

　部門の数、階層の数ともに無理・無駄のない一般的な階層である場合は「2点（普通）」。部門の数、階層の数ともに無理・無駄がないことに加え、定期的にスタッフ教育の機会を設けていたり、管理者が時々スタッフと個別面談をして悩みや意見を聞く機会を設けるなど、マネジメントにおいて独自の工夫が講じられている場合は「3点（良い）」とします。一方、部門の数、階層の数に無理・無駄が見受けられる場合は「1点

（悪い）」となります。

（考え方）

　トップの意思を組織全体に浸透させる、あるいはトップが現場の意見を把握できるようにするためには、できるだけ階層数を少なくしたフラットな組織が適しています。ただその一方で、管理者がスタッフを十分にケアできる範囲には限界があるので、フラットすぎる組織ではマネジメントが不十分になりサービスレベルが低下するリスクがあります。

　サービス業であるホテル旅館では、継続的にサービスレベルをあげていくマネジメントが必須です。例えば、売上高10億円、客室数100室規模の大規模旅館になると、在籍スタッフ数は80名〜90名程度に及びます。これだけのスタッフを管理するには、「管理者に高度なマネジメント力が備わっているかどうか」だけでなく、「管理者が日常的にスタッフの教育やメンタルケアなどをサポートができる組織体制になっているか」どうかが、業績に大きな影響を与えるのです。

■評価項目「部門長の役割と機能が明確か？明文化されているか？」

（「事業性評価票」における項目ID）
●大中規模旅館（客室30以上）用…16番
●小規模旅館（客室30未満）用…項目なし
●ビジネスホテル用…15番
●シティホテル・リゾートホテル用…16番

（評価方法の詳細）

　「部門長の仕事の内容、部門長の責任の範囲（部門の担当業務の範囲）、部門長の権限など、部門長の役割と機能を明確に定義しているか」、そして「部門長クラスがそれを正しく明確に認識しているか」を評価します。

（評価材料の入手方法）

　社長をはじめ役員や部門長クラスへのヒアリングで確認します。

　なお、小規模の旅館では、部門長と言えるポストがないことが多いので、この評価は不要です。

（評価基準）

　部門長クラスが部門長の役割と機能を明確に認識し、かつそれが職務分掌規程やその他何らかの資料に明文化されている場合は「3点（良い）」、職務分掌規程等に明文化されてはいないが、部門長クラスがその役割と機能を正しくかつ明確に認識している場合は「2点（普通）」とします。一方、部門長の役割と機能を部門長クラスが明確に認識

していない場合、もしくは認識しているが誤っている場合（社長の認識と一致していない場合など）は「1点（悪い）」となります。

（考え方）

　この評価項目では、部門長クラスが能力を発揮できる仕組みが整っているかどうかをチェックします。各部門や役職が担う役割・機能が曖昧な組織では、前例に倣う傾向が強く、変化を受け容れない保守的な風土が形成されがちです。こうした保守的な風土が蔓延すれば、社会環境やライフスタイルの変化への対応力が収益に直結するホテル旅館の経営は決してうまくいきません。

　特に部門長のマネジメント力は、社長の方針策定力と並び業績改善に欠かせないスキルと言えます。部門長クラスが変化への対応力を躊躇なく発揮するためには、「部門長の役割と機能について部門長クラスが正しく明確に認識していること」及び「職務分掌規程などの資料に明文化されていること」が求められるのです。

■評価項目「指示命令系統（報連相）が明確か？従業員が理解しているか？」

（「事業性評価票」における項目ID）
- ●大中規模旅館（客室30以上）用 … 17番
- ●小規模旅館（客室30未満）用 … 16番
- ●ビジネスホテル用 … 16番
- ●シティホテル・リゾートホテル用 … 17番

（評価方法の詳細）

　「トップから現場への指示命令系統が明確になっているか」「現場の従業員が報連相（「報告」「連絡」「相談」）すべき事項及び相手が明確になっており、かつ従業員がそれを正しく理解しているか」を評価します。

（評価材料の入手方法）

　従業員へのヒアリングで確認します。

（評価基準）

　指示命令系統や報連相について従業員がきちんと理解し、かつそれが何らかの資料に明文化されている場合は「3点（良い）」、明文化はされていないものの指示命令系統を従業員が明確に理解している場合は「2点（普通）」とします。一方、指示命令系統を従業員が明確に理解していない、もしくは認識しているが正しくない場合（部門長クラスの認識と一致していない場合など）は「1点（悪い）」となります。

（考え方）

　この評価項目では、組織内のコミュニケーションがスムーズにとれる仕組みが整って

いるかどうかをチェックします。激動する経営環境への対応力が問われるホテル旅館においては、トップから現場へ、現場からトップへの意思疎通がうまく図れているかどうかが業績改善に大きな影響を与えるのです。

■評価項目「経営者と幹部の会議体が機能しているか？」

（「事業性評価票」における項目ID）
●大中規模旅館（客室30以上）用・・・18番
●小規模旅館（客室30未満）用・・・17番
●ビジネスホテル用・・・17番
●シティホテル・リゾートホテル用・・・18番

（評価方法の詳細）

「経営者と幹部が、定期的に経営上の問題を把握し改善策を策定するための会議が存在するか」、「存在している場合、それが実質的に機能しているか」を評価します。

（評価材料の入手方法）

社長や役員へのヒアリングで確認します。

（評価基準）

経営者と幹部の会議（少なくとも月1回以上の定例のもの）が存在する場合は「2点（普通）」、会議が存在し、かつ、それが常に経営上の意思決定の場として機能している（単なる情報共有の場ではなく、改善策を議論する場として機能している）場合は「3点（良い）」とします。一方、会議体が存在しない、あるいは存在しても形骸化している場合は「1点（悪い）」となります。

（考え方）

この評価項目は、経営の意思決定機関がしっかり機能し、変化に対応できる組織であるかどうかをチェックするものです。

■評価項目「各部門のミーティングが毎日開催され、機能しているか？」

（「事業性評価票」における項目ID）
●大中規模旅館（客室30以上）用・・・19番
●小規模旅館（客室30未満）用・・・18番
●ビジネスホテル用・・・18番
●シティホテル・リゾートホテル用・・・19番

（評価方法の詳細）

「朝礼など現場の従業員が出席するミーティングが毎日開催されているか」「それが形骸化することなく情報伝達や教育、勤怠・業績管理などの場として機能しているか」を評価します。

（評価材料の入手方法）

部門長クラスや従業員へのヒアリングで確認します。

（評価基準）

各部門で毎日、朝礼や夕礼などのミーティングが開催されている場合は「2点（普通）」とします。なお、毎日行う現場ミーティングは必ずしも会議室に集まる会議形式である必要はなく、例えば調理部門の朝礼を板場で立ったまま実施するといったものでも構いません。毎日ミーティングが開催されていることに加え、それが情報伝達の場だけでなく、従業員の教育や従業員が意見を述べる場としても機能している場合は「3点（良い）」とします。一方、ミーティングを開催していない、あるいは開催していても毎日ではなかったり形骸化している場合は「1点（悪い）」となります。

（考え方）

この評価項目では、「現場と現場管理者のコミュニケーションが毎日スムーズにとれているか」「現場の問題を即座に管理者が把握できる仕組みが整っているかどうか」をチェックするものです。

■評価項目「部門長にマネジメントスキル・人望があるか？」

（「事業性評価票」における項目 ID）

●大中規模旅館（客室 30 以上）用 ･･･ 20 番
●小規模旅館（客室 30 未満）用 ･･･ 項目なし
●ビジネスホテル用 ･･･ 19 番
●シティホテル・リゾートホテル用 ･･･ 20 番

（評価方法の詳細）

評価時点において、それぞれの部門長に優れたマネジメントスキルと人望があるかどうかを評価します。

なお、具体的に優れたマネジメントスキルを挙げると、以下のとおりです。

・担当業務がスケジュールどおり進行しているかどうかをきちんと管理するスキル（毎日、日報を確認するとともに、有意なミーティングを行っている等）

・経営方針や新しい取り組みを自部門に浸透・定着させるスキル（定例会議を開催して状況報告を求め、その結果をもとに PDCA ※ を回す等）

・部下を育成・指導するスキル

・部下のメンタルヘルスをケアするスキル

ここでは、部門長がこうしたスキルに長けているかどうかを評価します。

なお、小規模の旅館では、部門長と言えるポストがないことが多いため、この評価は不要です。

（評価材料の入手方法）

社長や役員や従業員へのヒアリングで確認します。

（評価基準）

部門長に一定のマネジメントスキルがある場合は「2 点（普通）」、一定のマネジメントスキルをもつ部門長が複数人存在し、かつ部下とのコミュニケーション能力が高く人望も厚い場合は「3 点（良い）」とします。一方、一定のマネジメントスキルをもつ部門長がいない場合は「1 点（悪い）」となります。

（考え方）

この評価項目では、評価時点における人的資源をチェックします。多様化するニーズに的確に対応することが求められるホテル旅館においては、組織の結節点である各部門長に優れたスキルが備わり、かつそのスキルを遺憾なく発揮しているかどうかが、業績に大きな影響を与えるのです。

■評価項目「リーダークラス以上に、主体的に改善に取り組む優秀な従業員がいるか？」

（「事業性評価票」における項目 ID）

●大中規模旅館（客室 30 以上）用・・・21 番

●小規模旅館（客室 30 未満）用・・・19 番

●ビジネスホテル用・・・20 番

●シティホテル・リゾートホテル用・・・21 番

（評価方法の詳細）

評価時点において、優秀な現場スタッフが在籍しているかどうかを評価します。ここでいう優秀な現場スタッフとは、「リーダークラス以上で、与えられた通常業務にとどまらず、現状をどう変えれば良いかを自らの頭で考え上長に提案し、実際に改善に取り組むスタッフのこと」を言います。つまり、マニュアルに書かれたことだけでなく、書かれていない仕事にも主体的に取り組むスタッフのことです。

（評価材料の入手方法）

社長をはじめ役員や部門長クラスへのヒアリングで確認します。

（評価基準）

　主体的に改善に取り組むリーダークラス以上の従業員がいる場合は「2点（普通）」、主体的に改善に取り組むリーダークラス以上の従業員がいることに加え、それが特筆すべき優秀な人材である場合は「3点（良い）」とします。一方、主体性のあるリーダークラス以上の従業員がいない場合は「1点（悪い）」となります。

（考え方）

　この評価項目では、評価時点における人的資源をチェックします。多様化するニーズに的確に対応することが求められるホテル旅館においては、主体的に改善に取り組む優れた中堅スタッフが現場にいるかどうかが、業績に大きな影響を与えるのです。

■評価項目「従業員のモチベーションを維持向上する人事制度が整っているか？」

（「事業性評価票」における項目ID）

●大中規模旅館（客室30以上）用・・・22番
●小規模旅館（客室30未満）用・・・20番
●ビジネスホテル用・・・21番
●シティホテル・リゾートホテル用・・・22番

（評価方法の詳細）

　人事制度の整備状況を評価します。具体的には、以下のことを確認します。
・給与の水準が、同地域・同職種の一般的な水準と比べて劣っていないか
・福利厚生（社会保険、住宅手当や寮や社宅などの住宅関連、休暇制度など）の水準が一般的であるか
・頑張りを報酬に反映する評価制度があるか

（評価材料の入手方法）

　社長や役員へのヒアリングで確認します。地域ごと、職種ごとの給与水準は厚生労働省の賃金構造基本統計調査などの統計資料で確認します。

（評価基準）

　一般的な給与水準にあり、かつ一般的な水準で福利厚生が整っている場合は「2点（普通）」。それに加えて、頑張りに対する賞与や昇給、インセンティブ給など、報酬に反映させる、あるいは表彰などによって評価する制度がある場合は「3点（良い）」とします。一方、給与水準や福利厚生が一般的な水準を下回る場合は「1点（悪い）」となります。

（考え方）

　この評価項目では、従業員のやる気を引き出す仕組みの有無をチェックします。ホテ

ル旅館には、定期的に優秀な従業員を全社的に表彰する制度や、満室時に満室手当を一律支給するインセンティブ給制度など、従業員のやる気を引き出すユニークな事例が数多くあります。中には、労使協議によってやる気を引き出す給与体系に変更したのに、十分従業員に理解されていないため、定期的に従業員向けに人事制度説明会を開催するといった地道な取り組みでモチベーションの維持向上につなげている事例もあります。

3) 分類「経営管理」の評価項目

「経営管理」の分類では、収支の予実管理と資金繰り管理ができているかどうかを評価します。

■評価項目「月次決算が速やかにできているか？月次で予実差異分析が行われているか？」

（「事業性評価票」における項目 ID）
●大中規模旅館（客室 30 以上）用・・・23 番
●小規模旅館（客室 30 未満）用・・・21 番
●ビジネスホテル用・・・22 番
●シティホテル・リゾートホテル用・・・23 番

（評価方法の詳細）

売上やおおまかな収支の動向について、月次の予実差異分析で管理しているかどうかを評価します。具体的には、以下のようなことを確認します。

・月次試算表を確認するなど、月次で収支動向をチェックしているか
・月次試算表をどのタイミングで確認しているか
・経営計画と実績の差異を把握しているか
・経営計画と実績の差異について、その原因と対策を検討しているか
・予実差異分析の結果を幹部が把握しているか

（評価材料の入手方法）

社長を始め役員や経理・財務担当者へのヒアリングで確認します。

（評価基準）

期中に試算表を確認する等、予実差異分析が行われている場合は「2 点（普通）」、試算表を翌月中旬までに作成し、月次で前月の予実差異分析を行っている場合は「3 点（良い）」とします。一方、期中に予実差異分析が行われていない場合は「1 点（悪い）」とします。

よくあるのが、月次試算表は作成しているが経営計画は策定していないといったケー

スです。この場合、いくら速やかに月次試算表を作成していても予実分析ができないので「1点（悪い）」とします。

　また、大中規模旅館・シティホテル・リゾートホテルが複数の館を有する場合、あるいは料飲部門・宴会部門・婚礼部門など宿泊部門以外の部門を有している場合は、館別・部門別に試算表を用意する必要があります。したがって、たとえ試算表が作成されていても部門別損益を把握していない場合は「1点（悪い）」となります。

　なお、予実差異分析がきちんと行われていても、その結果が幹部に報告され、最終的に経営改善等に結びつけられていなければ、まったく意味がありません。したがって、予実差異分析ができていても、幹部に報告されることなく、実際に活用されていない場合も「1点（悪い）」となります。

（考え方）

　この評価項目では、業績改善の第一歩となる計数管理のレベルをチェックします。計数管理については、多くのホテル旅館が必要性を認識していますが、実際には活用されることなく形骸化しているケースも少なくありません。

　形骸化させないためには、どうすればいいのでしょうか。ポイントはいくつかありますが、最も重要なのはスピード感です。計数管理によって悪いところを見つけ、速やかに改善策を講じる。そのためには、月次決算を速やかに行うことがきわめて重要なのです。

　もう1つ、スピード感が求められるのは、タイムリーに改善策を講じるためだけでなく、問題を見つけるためでもあります。月次試算表を確認できるまで2か月以上かかるといったケースをよく耳にしますが、2か月以上経ってしまうと当月の状況を思い出すのは困難です。その結果、問題の核心を見つけることができなくなってしまうのです。このように予実差異分析を実りあるものにするためには、月次試算表を翌月中旬までに確認することがきわめて重要なのです。

■評価項目「主要な費目の動向を管理しているか？」

（「事業性評価票」における項目ID）
- 大中規模旅館（客室30以上）用 ・・・24番
- 小規模旅館（客室30未満）用 ・・・22番
- ビジネスホテル用 ・・・23番
- シティホテル・リゾートホテル用 ・・・24番

（評価方法の詳細）

　ホテル旅館における主要な費目には、原価、人件費、水道光熱費、修繕費、支払手数

料、広告宣伝費などがあります。ここでは、売上だけでなくこうした主要費目についても、月次の予実差異分析の中で管理しているかを評価します。具体的には、以下のようなことを確認します。

・月次試算表を確認するなど、月次で主要費目の動向（金額や構成比の増減、予算と実績の差異、業界標準との乖離）をチェックしているか

・問題があればすぐに対処しているか

（評価材料の入手方法）

社長をはじめ役員や経理・財務担当者へのヒアリングで確認します。

（評価基準）

主要な費目の動向（金額や構成比の増減、予算と実績の差異、業界標準[注]との差異）を把握している場合は「２点（普通）」、主要な費目の動向を把握し、問題があればすぐに対処している場合は「３点（良い）」とします。一方、主要な費目の動向を把握していない場合は「１点（悪い）」となります。

　　（注）業界標準とは、同業態（大中規模旅館または小規模旅館、またはビジネスホテル、またはシティホテル及びリゾートホテル）における各主要費目の標準的な構成比のことを言います。

（考え方）

利益を損ねる要因には、売上の減少と費用の増加があります。このうち費用の計数管理は、売上の計数管理に比べて甘くなりがちなので、ここでは費用面における計数管理のレベルをチェックします。

■評価項目「調理場（キッチン）が仕入コストの適正化に取り組めるよう、実際原価率を把握し活用しているか？」

- -

（「事業性評価票」における項目ID）
●大中規模旅館（客室30以上）用・・・25番
●小規模旅館（客室30未満）用・・・23番
●ビジネスホテル用・・・項目なし
●シティホテル・リゾートホテル用・・・25番

- -

（評価方法の詳細）

実際原価率は、以下の計算式で算定します。

　〔実際原価率＝（先月末棚卸額＋当月仕入れ高－今月末棚卸額）÷料理売上〕

よく見受けられるのが、「月次試算表を確認する経理担当者だけがロスや材料費変動を加味した実際原価率の動向を把握していて、肝心の調理場（キッチン）はまったく把握していない」といったケースです。ここでは、食材の仕入れを担う調理場（キッチ

ン）が、食材ロスや材料費の変動などを加味した実際原価率の動向を把握した上で、仕入れコストの適正化に取り組んでいるかどうかを評価します。

　なお、ビジネスホテルについては、一般的に料理材料の仕入がない、またはあっても軽微なので、この評価は不要です。

（評価材料の入手方法）

　社長をはじめ役員や経理・財務担当者、調理部門へのヒアリングで確認します。

（評価基準）

　常時、実際原価率を把握し、調理場（キッチン）と共有している場合は「2点（普通）」、実際原価率を月次で調理場（キッチン）と共有するとともに、それに基づいて調理場（キッチン）が仕入コストの適正化に取り組んでいる場合は「3点（良い）」とします。一方、実際原価率を把握していない、あるいは把握していても調理場（キッチン）と共有していない場合は「1点（悪い）」となります。

（考え方）

　いくら経理担当者が食材原価の動向をもとに問題を発見しても、食材の仕入れを担う調理場（キッチン）に問題意識がなければ、改善策をまとめるのは至難の業です。仮にまとまっても、改善策を実行に移せない、あるいは実行しても効果は期待できないと思います。そこで、ここでは「調理場（キッチン）がコストの適正化に取り組む仕組みが用意されているか」をチェックします。

■評価項目「資金繰りの見通しが管理されているか？」

（「事業性評価票」における項目ID）

●大中規模旅館（客室30以上）用・・・26番

●小規模旅館（客室30未満）用・・・24番

●ビジネスホテル用・・・24番

●シティホテル・リゾートホテル用・・・26番

（評価方法の詳細）

　資金繰り表（実績および計画）の作成状況を評価します。

（評価材料の入手方法）

　社長をはじめ役員、経理・財務担当者へのヒアリングで確認します。

（評価基準）

　資金繰り表が実績分だけでも作成されている場合は「2点（普通）」、実績の資金繰り表に加えて、計画の資金繰り表（向こう半年分以上）も作成している場合は「3点（良い）」とします。一方、資金繰り表が作成されていない場合は「1点（悪い）」となります。

（考え方）

この評価項目では、資金繰りの現状と見通しに関する管理状況をチェックします。

4）分類「マーケティング」の評価項目

「マーケティング」の分類では、以下の取り組みのレベルを評価します。

・コンセプト設定（顧客が当該ホテル旅館で、どのような時間を過ごすことができるかを明確にしたもの）

・プラン造成

・価格戦略

・広告宣伝

・販売チャネル管理

■評価項目「ターゲットは明確か？シーズンごとに設定しているか？」
（シティホテル・リゾートホテル用では「ターゲットは明確か？部門ごとに設定しているか？」）

（「事業性評価票」における項目ID）

●大中規模旅館（客室30以上）用・・・27番

●小規模旅館（客室30未満）用・・・25番

●ビジネスホテル用・・・25番

●シティホテル・リゾートホテル用・・・27番

（評価方法の詳細）

ここでは「ターゲットが明確になっているか」、また「シーズンごとに区別してターゲットを設定しているか」を評価します。なお、ここで言う「ターゲットの明確化」とは、「ターゲットを１つに絞る」ということではなく、「ターゲットの優先順位を明確にする」ことを意味します。

なぜ優先順位を明確にする必要があるかというと、１つに絞って他を排除してしまうと客室を埋められなくなってしまう可能性があるからです。例えば、オンシーズン※の優先ターゲットをファミリー、団体客、友人グループとし、オフシーズン※をビジネスマン、シニア夫婦といった具合に優先順位を明確にしておけば、どのチャネルでどのプランを売るかが明確になるので、より客室を埋めやすくなるのです。

なお、シティホテルやリゾートホテルについては、業態の特性上、シーズンごとにターゲットを区別する必要性はありません。ただし、料飲部門、宴会部門、婚礼部門などを併設している場合は、部門ごとにターゲットを設定する必要があります。

　社長をはじめ役員や営業担当へのヒアリングで確認します。

（評価基準）

　シーズンごとに優先すべきターゲットが明確になっている場合は「3点（良い）」、ターゲットは明確だがシーズンごとに区別されていない場合は「2点（普通）」とします。一方、ターゲットが明確でない場合は「1点（悪い）」となります。

　なお、シーズンごとにターゲットを区別する必要がないシティホテル及びリゾートホテルの場合は、部門ごとに優先すべきターゲットが明確になっている場合は「3点（良い）」、ターゲットは明確だが部門ごとの区別がなされていない場合は「2点（普通）」とします。一方、ターゲットが明確になっていない場合は「1点（悪い）」となります。

（考え方）

　この評価項目では、コンセプトの前提となるターゲットの設定状況をチェックします。

■評価項目「コンセプトは明確か？ターゲットにとって喜ばれるものか？」

（「事業性評価票」における項目ID）
- ●大中規模旅館（客室30以上）用・・・28番
- ●小規模旅館（客室30未満）用・・・26番
- ●ビジネスホテル用・・・26番
- ●シティホテル・リゾートホテル用・・・28番

（評価方法の詳細）

　「コンセプトが明確になっているかどうか」を評価します。ここでいうコンセプトとは、顧客がそのホテル旅館でどのような時間を過ごすことができるかを明確にしたものです。例えば、少人数の個人客をターゲットに、コンセプトを「田舎の実家にいるようにくつろげる湯宿」とするといった具合です。

（評価材料の入手方法）

　社長をはじめ役員や営業担当へのヒアリングで確認します。

（評価基準）

　コンセプトが明確で、ターゲットに喜ばれるものになっている場合は「3点（良い）」、コンセプトがあるがターゲットのニーズにマッチしていない、もしくはターゲット像が明確になっていない場合は「2点（普通）」とします。一方、コンセプトが明確になっていない場合は「1点（悪い）」となります。

（考え方）

　この評価項目では、コンセプトの明確さをチェックします。コンセプトは、当該ホテ

ル旅館のマーケティング戦略、オペレーション、施設（建物・設備）など、ホテル旅館のすべての要素の軸となるものです。したがって、コンセプトが明確になっているかどうかが、当該ホテル旅館の持続力や収益力を測るバロメーターと言っても過言ではないのです。

■評価項目「プラン造成に独自性があるか？」

（「事業性評価票」における項目ID）
- ●大中規模旅館（客室30以上）用・・・29番
- ●小規模旅館（客室30未満）用・・・27番
- ●ビジネスホテル用・・・27番
- ●シティホテル・リゾートホテル用・・・29番

（評価方法の詳細）

「宿泊プランが魅力的なものになっているかどうか」を評価します。具体的には、競合他社のプランと見比べて、独自性・地域性・季節感・値ごろ感などにおいて優れているかどうかで評価します。

（評価材料の入手方法）

評価対象のホテル旅館のプランは、ホームページやその他の販促資料で確認します。また、競合他社のプランについては、ホテル旅館の予約サイトなどで確認します。

（評価基準）

競合他社にはない独特なプランがある場合は「3点（良い）」、競合他社並みに魅力的なプランがある場合は「2点（普通）」とします。一方、プランに魅力がない（独自性・地域性・季節感・値ごろ感などがない）場合は「1点（悪い）」となります。

（考え方）

この評価項目では、当該ホテル旅館の売りとなる宿泊プランが、他のホテル旅館のプランと比較して魅力あるものになっているかどうかをチェックします。

■評価項目「価格戦略があるか？」

（「事業性評価票」における項目ID）
- ●大中規模旅館（客室30以上）用・・・30番
- ●小規模旅館（客室30未満）用・・・28番
- ●ビジネスホテル用・・・28番
- ●シティホテル・リゾートホテル用・・・30番

（評価方法の詳細）

「宿泊価格が戦略的な設定になっているかどうか」を評価します。

　旅館とホテル（ビジネスホテル、シティホテル及びリゾートホテル）では価格戦略が異なります。旅館の場合は需要の季節変動が顕著なため、販売価格にシーズナリティ※を持たせます。具体的には、オンシーズン※とオフシーズン※で価格を変えることによって、一年を通して需要の平準化を図るといった価格戦略が求められます。

　一方、ビジネスホテル、シティホテル及びリゾートホテルの需要は、季節ではなく曜日や周辺地域の動向などによって細かく変動します。そのため需要の動きに応じて価格をコントロールし、Rev.PAR※（販売可能客室1室あたりの売上）の最大化を図る価格戦略が求められます。

（評価材料の入手方法）

　社長をはじめ役員や営業担当へのヒアリングで確認します。

（評価基準）

　旅館の場合は、販売価格にシーズナリティ※を持たせている場合は「2点（普通）」、それに加え売上への影響を把握して価格戦略に反映している場合は「3点（良い）」とします。一方、販売価格のコントロールを実施していない場合は「1点（悪い）」となります。

　また、ビジネスホテル、シティホテル及びリゾートホテルの場合は、イールドマネジメント※を実施している場合は「2点（普通）」、それに加えて厳密に価格をコントロールしている場合は「3点（良い）」とします。一方、イールドマネジメント※を実施していない場合は「1点（悪い）」となります。

（考え方）

　この評価項目では、マーケティングにおいて極めて重要な要素である価格戦略の取り組みレベルをチェックします。

■評価項目「自社ホームページは広告宣伝媒体として優れているか？」

（「事業性評価票」における項目ID）
- ●大中規模旅館（客室30以上）用…31番
- ●小規模旅館（客室30未満）用…29番
- ●ビジネスホテル用…29番
- ●シティホテル・リゾートホテル用…31番

（評価方法の詳細）

「自社ホームページが広告宣伝媒体として優れているか」「自社の売りを明確にアピー

ルできているか」を評価します。

具体的には、以下の点に着目して評価します。

・情報量がエージェント※の予約サイトよりも充実しているか

・プランを分かりやすく魅力的に見せているか

・ありのままの館内写真・料理写真をふんだんに掲載しているか

・使いやすい予約フォームになっているか

・周辺の観光情報がまとめられているか

（評価材料の入手方法）

実際にホームページを閲覧して確認します。

（評価基準）

一般的なコンテンツ（予約機能・プラン情報・ホテル旅館の特長などの情報）を備えた自社ホームページがある場合は「2点（普通）」、それに加えWebサイトとして最新の機能・デザイン・コンテンツを備え、かつ自社の売りを明確にアピールしている場合は「3点（良い）」とします。一方、一般的なコンテンツが十分整っていない、または自社ホームページが存在しない場合は「1点（悪い）」とします。

（考え方）

ホテル旅館としては、できるだけ手数料のかからない自社ホームページから予約をいただきたいものです。にもかかわらず、自社のホームページからエージェントの予約サイト以上の情報を得ることができないようでは、話になりません。この評価項目では、自社ホームページがエージェント※の予約サイトよりも広告宣伝媒体として優れているかをチェックします。

■評価項目「販売チャネル別の販売計画があり、予実差異分析が行われているか？」

（シティホテル・リゾートホテル用では「販売チャネル別・部門別・主要顧客セグメント別の販売計画があり、予実差異分析が行われているか？」）

- -

（「事業性評価票」における項目ID）

●大中規模旅館（客室30以上）用・・・32番

●小規模旅館（客室30未満）用・・・30番

●ビジネスホテル用・・・30番

●シティホテル・リゾートホテル用・・・32番

- -

（評価方法の詳細）

販売計画について、全社合計の計画ではなく「リアルエージェント※」「OTA※」「自社ホームページ」など、販売チャネル別に作成されているかどうかを評価します。

シティホテル及びリゾートホテルの場合は、料飲部門、宴会部門、婚礼部門など、様々な部門を併設していることが多いので、まずは部門ごとに販売計画が作成されているかどうかで評価します。さらに部門別の販売計画が販売チャネル別、主要顧客セグメント別など、営業活動に紐づけられる区分になっているかどうかも評価します。

　それに加えて、作成した計画と実績を照らし合わせる差異分析を行い、問題の発見と改善に取り組んでいるかどうかを評価します。

（評価材料の入手方法）

　社長をはじめ役員、営業担当へのヒアリングで確認します。

（評価基準）

　販売チャネル別の販売計画がきちんと整い、予実差異分析も行われている場合は「3点（良い）」、販売チャネル別の販売計画はあるが、予実差異分析を行っていない場合は「2点（普通）」とします。一方、販売チャネル別の販売計画が作成されていない場合は「1点（悪い）」となります。

　また、シティホテル及びリゾートホテルの場合は、部門別・販売チャネル別・主要顧客セグメント別などの販売計画がきちんと整い、予実差異分析も行われている場合は「3点（良い）」、部門別・販売チャネル別・主要顧客セグメント別などの販売計画はあるが、予実差異分析を行っていない場合は「2点（普通）」とします。一方、部門別・販売チャネル別・主要顧客セグメント別などの販売計画が作成されていない場合は「1点（悪い）」となります。

（考え方）

　この評価項目では、営業のPDCA※をきちんと回しているかをチェックします。営業の目標値は、単に全社合計の数値を示しても営業担当の行動には結び付きません。部門別、チャネル別、主要顧客セグメント別など、営業ごとの担当範囲に紐づいた区分に細分化した数値を示すことによって初めて、具体的な営業活動や、予実差異が生じたときの分析ができるのです。

■評価項目「リアルエージェント※への依存度が高くないか？」

（「事業性評価票」における項目ID）
- ●大中規模旅館（客室30以上）用・・・33番
- ●小規模旅館（客室30未満）用・・・31番
- ●ビジネスホテル用・・・31番
- ●シティホテル・リゾートホテル用・・・33番

（評価方法の詳細）

直近期の宿泊部門の総売上に占める、リアルエージェント※経由の売上の比率について評価します。ここで言うリアルエージェント※とは、JTBなど実店舗をもつ代理店のことです。

（評価材料の入手方法）

販売実績の経営管理資料で確認するか、社長をはじめ役員、営業担当へのヒアリングで確認します。

（評価基準）

リアルエージェント※経由の売上構成比率が60％以上は「1点（悪い）」、40％以上60％未満は「2点（普通）」、40％未満であれば「3点（良い）」とします。

（考え方）

この評価項目では、顧客ニーズの変化にどの程度対応できているかをチェックします。

リアルエージェント※は団体旅行に強みをもっているので、かつて団体旅行が隆盛だった時代には、販売チャネルの多くをリアルエージェント※が占めていました。もちろん現在でもリアルエージェント※の活用価値は十分ありますが、団体旅行から個人旅行へと顧客ニーズが変化する現状にかんがみれば、リアルエージェント※からOTA※（オンライントラベルエージェント）に移行させることが喫緊の課題と言えます。

未だにリアルエージェント※経由の売上構成比率が60％以上に及んでいれば、販売チャネルの移行が十分行われていない状態と考えられます。そうした旅館ホテルの多くが、「団体客にばかり注力していて、個人客の取り込みが不足している」「先代からのしがらみや惰性といった背景で、旧来からのチャネル構成の見直しに着手できずにいる」と見て差し支えありません。

■評価項目「OTA※（オンライントラベルエージェント）を活用しているか？」

（「事業性評価票」における項目ID）
- 大中規模旅館（客室30以上）用…34番
- 小規模旅館（客室30未満）用…32番
- ビジネスホテル用…32番
- シティホテル・リゾートホテル用…34番

（評価方法の詳細）

直近期の宿泊部門の総売上に占める、じゃらんなどのOTA※経由の売上の比率について評価します。

（評価材料の入手方法）

　販売実績の経営管理資料で確認するか、社長をはじめ役員、営業担当へのヒアリングで確認します。

（評価基準）

　OTA※経由の売上構成比率が10%未満は「1点（悪い）」、10%以上25%未満は「2点（普通）」、25%以上であれば「3点（良い）」とします。

（考え方）

　この評価項目では、顧客ニーズの変化にどの程度対応できているかをチェックします。

　1つ前の評価項目で説明したとおり、顧客のニーズが団体旅行から個人旅行へと大きく変化しているわけですから、販売チャネル構成を見直し、個人旅行に強いOTA※（オンライントラベルエージェント）を活用していくことは喫緊の課題と言えます。OTA※経由の売上構成比率が25%以上になっていれば、積極的に販売チャネルの見直しに取り組んでいると見て差し支えないと思います。

5）分類「オペレーション」の評価項目

　「オペレーション」の分類では、ホテル旅館のオペレーションの業務レベルを以下5つの面から評価します。

- ・仕入れ
- ・調理
- ・サービス
- ・清掃
- ・施設管理

　ホテル旅館が提供する料理やサービス、清掃、施設管理などのオペレーションのクオリティが顧客の期待を上回れば、顧客満足を獲得できます。顧客満足を獲得できれば、リピート客の獲得や、ネットの口コミ評価の向上による新規顧客の獲得につながるのです。

■評価項目「仕入業者に相見積もりを取っているか？」

（「事業性評価票」における項目ID）
- ●大中規模旅館（客室30以上）用・・・35番
- ●小規模旅館（客室30未満）用・・・33番
- ●ビジネスホテル用・・・33番
- ●シティホテル・リゾートホテル用・・・35番

（評価方法の詳細）

　料理材料などの仕入業者を選定する際、複数の仕入業者に対して相見積もりを取ることによって、価格などの観点から比較検討しているかどうかをチェックします。

　新たに取り扱う品目に対する仕入業者の選定時はもちろんですが、長年仕入れている既存品目についても、数年に一度は相見積もりを取って仕入業者の入替を検討しているかどうか確認します。

（評価材料の入手方法）

　社長をはじめ役員、経理・財務・用度※の担当者、調理部門に対するヒアリングで確認します。

（評価基準）

　新たに取り扱う品目の仕入業者選定時に相見積もりを取っている場合は「2点（普通）」、新たに取り扱う品目の選定時だけでなく、長年仕入れている既存品目についても、数年に一度は相見積もりを取って仕入業者の入替を検討している場合は「3点（良い）」とします。一方、仕入業者について比較検討することなく、常に特定の業者と取引をしている場合は「1点（悪い）」になります。

（考え方）

　この評価項目では、仕入価格の適正化に向けた活動のレベルをチェックします。

　ホテル旅館では、古くから付き合いのある特定の地元業者に仕入を任せていることが多く、数年に1度は相見積りを取るといったケースは少数派と言えます。つまり、多くのホテル旅館が仕入先を合理性ではなく、人間関係によって決めているわけです。

　それだけに簡単に仕入先を変えることではできませんが、業績への影響を考えれば決して良いことではありません。料理材料の仕入コスト（料飲部門の原価）は、ホテル旅館における主要コストの1つであり、その適正化に取り組んでいるかどうかが業績に直結するのです。

■評価項目「仕入を調理場に任せず、経理や用度※が関わっているか？」

- -

（「事業性評価票」における項目ID）
●大中規模旅館（客室30以上）用 … 36番
●小規模旅館（客室30未満）用 … 34番
●ビジネスホテル用 … 項目なし
●シティホテル・リゾートホテル用 … 36番

- -

（評価方法の詳細）

　主要な料理材料について、仕入プロセス（仕入先選定、契約、発注、納入・検品）の

すべてを調理場（キッチン）に任せることなく、経理や用度※部門も関与しているかどうかをチェックします。具体的には、仕入先の選定や契約については「経理や用度※部門が担う」「調理場（キッチン）が経理や用度※部門と協議して行う」といった運用が求められます。日々の発注や納入・検品についても、経理や用度※が承認や事後チェックするなどのかたちで関与するのが理想です。

　なお、ビジネスホテルについては、一般的に料理材料仕入がない、あっても軽微なので、この評価は不要です。

（評価材料の入手方法）

　社長をはじめ役員、経理・財務・用度※の担当者、調理部門（料飲部門）に対するヒアリングで確認します。

（評価基準）

　仕入先選定、契約、発注、納入・検品の仕入プロセスのうち、仕入先選定と契約だけでも、調理場（キッチン）だけの判断で行わず経理や用度※部門が関与している（経理や用度※が担当しているか、調理場が経理や用度※と協議している）場合は「2点（普通）」、それに加え日常の仕入（発注と納入・検品）にも経理や用度※部門が関与している（経理や用度※部門が承認しているか、事後にチェックしている）場合は「3点（良い）」とします。一方、仕入プロセスのすべてを調理場（キッチン）が担っている場合は「1点（悪い）」となります。

（考え方）

　この評価項目では、ホテル旅館の調理場と仕入業者の間に生じやすい不正をけん制する体制があるかどうかをチェックします。

　仕入先選定、契約、発注、納入・検品など、すべての仕入プロセスを調理場任せにしているホテル旅館は少なくありません。もちろん品質や鮮度、価格などが安定しているといったメリットはありますが、一方で「仕入業者との癒着（不正）が生じやすい」というデメリットもあります。それをけん制するために、仕入業務に経理や用度※部門が関与することが求められます。

　経理担当は、不正のけん制だけでなく、仕入コストの適正化のためにも関与する必要があります。その観点での評価は、「3）分類『経営管理』の評価項目」の項にある「調理場（キッチン）が仕入コストの適正化に取り組めるよう、実際原価率を把握し活用しているか？」の評価項目で、別途評価します。

■評価項目「夕食の質はどうか？」

（「事業性評価票」における項目ID）
●大中規模旅館（客室30以上）用…37番
●小規模旅館（客室30未満）用…35番
●ビジネスホテル用…項目なし
●シティホテル・リゾートホテル用…37番

（評価方法の詳細）

　夕食のクオリティについて、業態が同じで価格も同程度の競合他社の一般的な夕食と比較して評価します。例えば、1泊2食の旅館なら、平均客単価10,000円未満、10,000円以上15,000円未満、15,000円以上20,000円未満、20,000円以上、という価格帯で区分し、同価格帯に属する競合他社と比較します。

　評価の観点は、以下のとおりです。

・食材や見た目に季節感が演出されているか

・地の食材を活用しているか

・味付けが良いか

・盛り付けに目を引く工夫がなされているか

・器は料理を引き立てるものか

　なお、ビジネスホテルの場合、夕食を提供するケースは少ないので、この評価は不要です。

（評価材料の入手方法）

　主力プランの夕食を実食して確認します。

（評価基準）

　同価格帯の競合他社の一般的な夕食と比べて、クオリティが大変良好な場合は「3点（良い）」、クオリティが概ね良好な場合は「2点（普通）」とします。一方、季節感がない、地の食材がない、味付けが悪い、盛り付けや器が凡庸など、気になる点が見受けられる場合は「1点（悪い）」となります。

（考え方）

　この評価項目では、顧客の満足度に大きく影響する夕食のクオリティをチェックします。通常、夕食に対する顧客の期待値は価格帯に応じて決まります。

■評価項目「朝食の質はどうか？」

（「事業性評価票」における項目ID）
●大中規模旅館（客室30以上）用…38番
●小規模旅館（客室30未満）用…36番
●ビジネスホテル用…34番
●シティホテル・リゾートホテル用…38番

（評価方法の詳細）

　朝食のクオリティについて、業態が同じで価格も同程度の競合他社の一般的な朝食と比較して評価します。例えば、1泊2食の旅館なら、平均客単価10,000円未満、10,000円以上15,000円未満、15,000円以上20,000円未満、20,000円以上、という価格帯で区分し、同価格帯に属する競合他社と比較します。

　評価の観点は、以下のとおりです。

　・食材や見た目に季節感が演出されているか

　・地の食材を活用しているか

　・味付けが良いか

（評価材料の入手方法）

　主力プランの朝食を実食して確認します。

（評価基準）

　同価格帯の競合他社の一般的な朝食と比べて、クオリティが大変良好な場合は「3点（良い）」、クオリティが概ね良好な場合は「2点（普通）」とします。一方、季節感がない、地の食材がない、味付けが悪いなど、気になる点が見受けられる場合は「1点（悪い）」となります。

（考え方）

　この評価項目では、顧客の満足度に大きく影響する朝食のクオリティをチェックします。通常、朝食に対する顧客の期待値は価格帯に応じて決まります。

■評価項目「ご飯や味噌汁、漬け物が美味しいか？」

（「事業性評価票」における項目ID）
●大中規模旅館（客室30以上）用…39番
●小規模旅館（客室30未満）用…37番
●ビジネスホテル用…35番
●シティホテル・リゾートホテル用…39番

（評価方法の詳細）

　ご飯や味噌汁、漬け物について、以下の観点から評価します。

・銘柄や産地、かまどで炊き上げるなどのこだわりがあるか

・ご飯は炊き立て感があるか

・味噌の風味や漬け物の歯ごたえがよいか

・漬け物は手作りを売りにしているか

・漬け物は複数種類を楽しめるか

（評価材料の入手方法）

　主力プランの朝食と夕食を実食して確認します。

（評価基準）

　ご飯や味噌汁、漬け物が美味しく、銘柄や産地、漬け物の種類などに特別なこだわりがある場合は「3点（良い）」、特別なこだわりは見当たらないが美味しく満足できる場合は「2点（普通）」とします。一方、いずれも凡庸な場合は「1点（悪い）」となります。

（考え方）

　この評価項目では、料理のクオリティをご飯・味噌汁・漬け物の美味しさでチェックします。なぜご飯・味噌汁・漬け物なのかというと、これらが美味しいホテル旅館は、料理全般においてクオリティが高い傾向が顕著だからです。

　また、ご飯・味噌汁・漬け物は誰もが食べ慣れているため、顧客にとっても評価しやすく、その印象が料理の満足度に大きな影響を与えるのです。

■評価項目「スタッフのサービスレベルはどうか？」

（「事業性評価票」における項目 ID）

●大中規模旅館（客室 30 以上）用…40 番

●小規模旅館（客室 30 未満）用…38 番

●ビジネスホテル用…36 番

●シティホテル・リゾートホテル用…40 番

（評価方法の詳細）

　接客にあたる仲居さんをはじめサービススタッフのサービスレベル、つまり「目配り、気配り、心配りが十分できているかどうか」を評価します。ここではホテル旅館の価格帯やグレードに関わらず、単純に顧客にとって心地よいサービスかどうかで評価します。

　評価の観点は、以下のとおりです。

・敬語が正しく使えているなど、言葉遣いが適切であるか

・挨拶ができているか

・笑顔があるか

・マニュアル通りの機械的・定型的な接客ではなく、親しみのある人間らしい暖かい
　接客ができているか

・視野が広く、想像力を働かせる気配りができているか

・身だしなみは適切か

以上の評価が、仲居さんやサービススタッフによってばらつきがないことも重要です。

（評価材料の入手方法）

視察や試泊によって確認します。

（評価基準）

サービスレベルが大変良好な場合は「3点（良い）」、概ね良好な場合は「2点（普通）」とします。一方、「言葉遣いが悪い」「挨拶ができていない」「笑顔がない」「マニュアル通りの定型的な接客で親しみがない」「気配りや想像力がなく、こちらが説明しないことには気づいてもらえない」「身だしなみに問題がある」など、サービスに気になる点がある場合、あるいはスタッフによってサービスレベルにばらつきが見受けられる場合は「1点（悪い）」となります。

（考え方）

この評価項目では、顧客の満足度に大きく影響するスタッフのサービスレベルをチェックします。

■評価項目「フロントの対応はどうか？」

（「事業性評価票」における項目 ID）
●大中規模旅館（客室 30 以上）用 ・・・41 番
●小規模旅館（客室 30 未満）用 ・・・39 番
●ビジネスホテル用 ・・・37 番
●シティホテル・リゾートホテル用 ・・・41 番

（評価方法の詳細）

フロントスタッフの対応力を評価します。ここでは、ホテル旅館の価格帯やグレードに関わらず、単純に顧客にとって心地よいサービスかどうかで評価します。

評価の観点は、以下のとおりです。

・案内や説明が的確であるか

・要望に対応しようとする真摯な姿勢が見られるか

・フロントが受けた要望を他部署に伝達しているか

（評価材料の入手方法）

視察や試泊によって確認します。

（評価基準）

フロントスタッフの対応力が大変良好な場合は「3点（良い）」、概ね良好な場合は「2点（普通）」とします。一方、「案内や説明が分かりにくい」「要望に対応しようとする真摯な姿勢が見られない」「フロントに伝えた要望が他の部門と共有されていない」など、フロントスタッフの対応に気になる点が見受けられる場合は「1点（悪い）」となります。

（考え方）

この評価項目では、顧客の満足度に大きく影響するフロントスタッフの対応力についてチェックします。

■評価項目「食事のサービスはどうか？」

（「事業性評価票」における項目ID）

●大中規模旅館（客室30以上）用…42番

●小規模旅館（客室30未満）用…40番

●ビジネスホテル用…項目なし

●シティホテル・リゾートホテル用…42番

（評価方法の詳細）

食事のサービスのレベルについて評価します。ここではホテル旅館の価格帯やグレードに関わらず、単純に顧客にとって心地よいサービスかどうかで評価します。

評価の観点は、以下のとおりです。

・スタッフは料理の内容についてきちんと説明できているか

・食事のスピードに合った的確なタイミングで料理が提供されているか

・サービススタッフの動きは良いか

なお、ビジネスホテルについては、夕食を提供するケースが少ないこと、他の業態に比べてサービス面における食事の重要性が小さいことから、この評価は不要です。

（評価材料の入手方法）

主力プランの朝食と夕食を実食することによって確認します。

（評価基準）

食事のサービスが大変良好な場合は「3点（良い）」、概ね良好な場合は「2点（普通）」とします。一方、「スタッフが料理を説明できない」「料理の提供が遅すぎるまたは早すぎる」「サービススタッフの動きが悪く目配りができていない」「下げ物の音がうるさ

い」など、食事のサービスに気になる点が見受けられる場合は「1点（悪い）」となります。

（考え方）

　この評価項目では、顧客の満足度に大きく影響する食事のサービスのレベルをチェックします。

■評価項目「客室の居心地は良いか？」

（「事業性評価票」における項目ID）

●大中規模旅館（客室30以上）用…43番

●小規模旅館（客室30未満）用…41番

●ビジネスホテル用…38番

●シティホテル・リゾートホテル用…43番

（評価方法の詳細）

　客室の居心地について、清掃と修繕が行き届いているかといった観点から評価します。

　評価の観点は、以下のとおりです。

・客室の居室・水回りは清潔に保たれているか

・客室の居室・水回りの設備などに傷みや故障はないか

・備品類は整理整頓されているか

・客室内の空気は清々しいか

（評価材料の入手方法）

　視察や試泊によって確認します。

（評価基準）

　客室の居心地が特筆すべき水準にありきわめて快適な場合は「3点（良い）」、一般的なレベルの場合は「2点（普通）」とします。一方、「ゴミやほこりが目につく」「水回りの設備に修繕の跡が多く目立つ」「客室の鍵が壊れている」「窓の建付けが悪い」「ドライヤーやポットなどの備品類が乱雑に置かれている」「室内の空気が淀んでいる」「湿気た匂いがする」など、気になる点がある場合は「1点（悪い）」となります。

（考え方）

　この評価項目では、顧客の満足度に大きく影響する客室の居心地についてチェックします。特に清掃と修繕については、旅先で寛ぐための最低限のラインなので、これをクリアしているかどうかは、たとえ安さが売りのプランであっても満足度に大きな影響を与えます。

　また、老朽化への対応も重要です。設備が老朽化し、修繕の跡が目につくような状態

だと、たとえ清掃が行き届いていても清潔感を損ねることになりかねないので注意が必要です。

■評価項目「客室の洗面台やバスの水の出は良いか？」

（「事業性評価票」における項目 ID）
●大中規模旅館（客室 30 以上）用 … 44 番
●小規模旅館（客室 30 未満）用 … 42 番
●ビジネスホテル用 … 39 番
●シティホテル・リゾートホテル用 … 44 番

（評価方法の詳細）

　客室の洗面台で手を洗う時、浴槽にお湯をためる時、シャワーを浴びる時など、水やお湯をたくさん出したいときに出が悪いとストレスになります。ここでは、水やお湯の出方がストレスを感じるレベルにあるかどうかについて評価します。

（評価材料の入手方法）

　視察や試泊によって確認します。

（評価基準）

　水の出が良く快適に感じる場合は「3 点（良い）」、特に不便には感じない程度の場合は「2 点（普通）」とします。一方、水の出が悪いと感じる場合は「1 点（悪い）」となります。

（考え方）

　この評価項目では、顧客の満足度に影響する要素の 1 つである、水の出をチェックします。水の出が良いことは旅先で寛ぐための最低限のラインであり、ここに問題が生じると顧客満足は一気に下がります。

　なお、水の出が悪くなる原因はいくつかありますが、なかでも多いのが給水管の老朽化に伴うつまりです。給水管の取り替えなど、定期的に行うべき修繕を怠ると、このような問題が表面化しやすいので注意が必要です。

■評価項目「パブリックスペースのカーペットや壁は綺麗か？」

（「事業性評価票」における項目ID）
●大中規模旅館（客室30以上）用・・・45番

●小規模旅館（客室30未満）用・・・43番

●ビジネスホテル用・・・40番

●シティホテル・リゾートホテル用・・・45番

（評価方法の詳細）

　ロビー、売店、宴会場、レストラン、エレベーターホール、廊下などのパブリックスペースにおいて、カーペットや壁に汚れや傷み、老朽化がないかどうかを評価します。

　ビジネスホテル、シティホテル及びリゾートホテルの場合は、パブリックスペースに設置されたトイレも重要な評価対象になります。というのも、ビジネスホテル、シティホテル及びリゾートホテルの場合、旅館よりもパブリック性が高く、宿泊目的だけでなく、レストラン、宴会、婚礼、会議・研修、軽い打ち合わせなど、多種多様な利用目的で数多くの顧客が自由に出入りするからです。

（評価材料の入手方法）

　視察や試泊によって確認します。

（評価基準）

　特に汚れ・痛みが見られない場合は「2点（普通）」、汚れ・傷みがないことに加え、新品あるいは手入れが行き届いていることにより清潔感がある場合は「3点（良い）」とします。一方、汚れていたり、老朽化していて傷みが見られ清潔感が感じられない場合は「1点（悪い）」となります。

（考え方）

　この評価項目では、ホテル旅館の最初の印象を決めるパブリックスペースの状態をチェックします。パブリックスペースは誰もが通る場所であり、ホテル旅館の格式を表す重要な場所でもあるので、ここでの印象が顧客満足度を左右するきわめて重要なポイントになるのです。

■評価項目「大浴場は全体的に清潔に保たれているか？」

(「事業性評価票」における項目ID)
●大中規模旅館（客室30以上）用・・・46番
●小規模旅館（客室30未満）用・・・44番
●ビジネスホテル用・・・項目なし
●シティホテル・リゾートホテル用・・・項目なし

（評価方法の詳細）

大浴場は様々な部分で劣化や清掃の不備が生じやすいものです。例えば、浴室内では木製天井のカビやシミ、塗料の剥離、石材の変色が、カラン周りでは白く浮き出た水垢や石鹸カスが、脱衣所ではほこりや髪の毛の除去不足などがよく見られます。こうした観点をもとに、大浴場において清掃と修繕が行き届いているかどうかを評価します。

なお、ビジネスホテル、シティホテル及びリゾートホテルについては、一般的に大浴場を備えていないので、この評価は不要です。

（評価材料の入手方法）

視察や試泊によって確認します。

（評価基準）

全般的に特筆すべき水準で清潔に保たれている場合は「3点（良い）」、一般的な水準で清潔に保たれている場合は「2点（普通）」とします。一方、大浴場の天井や床、浴槽、カラン周り、脱衣所などに汚れや傷み、ゴミが目立つ場合は「1点（悪い）」となります。

（考え方）

この評価項目では、顧客の満足度に影響する要素の1つである、大浴場の清潔さをチェックします。大浴場の場合、他の設備に比べて様々な部分において劣化が進行しやすいものです。それが清潔感を損ね、ひいては顧客満足度を下げることにつながるので注意が必要です。

■評価項目「館内の居心地は良いか？」

(「事業性評価票」における項目ID)
●大中規模旅館（客室30以上）用・・・47番
●小規模旅館（客室30未満）用・・・45番
●ビジネスホテル用・・・41番
●シティホテル・リゾートホテル用・・・46番

（**評価方法の詳細**）

　館内の居心地について、清掃と修繕が行き届いているか、空調や照明は適切かといった観点から評価します。

　評価の観点は、以下のとおりです。

・館内の調度品や備品類に痛みや汚れはないか

・館内の照明は十分な明るさがあるか

・空調は適切か

・館内の空気は清々しいか

（**評価材料の入手方法**）

　視察や試泊によって確認します。

（**評価基準**）

　館内の居心地が特筆すべき水準にあり快適な場合は「3点（良い）」、一般的なレベルの場合は「2点（普通）」とします。一方、調度品や備品類に汚れや傷みがある、照明が十分でなく薄暗い雰囲気がある、空調が強すぎるまたは弱すぎる、ロビーに入った瞬間に湿気た匂いを感じるなど、気になる点がある場合は「1点（悪い）」となります。

（**考え方**）

　この評価項目では、顧客の満足度に大きく影響する館内の居心地をチェックします。特にロビーに入った瞬間の印象は重要です。もしそこで顧客に違和感を与えてしまうと、その違和感は滞在中ずっと顧客の意識に潜み続けることになります。このように清掃や修繕、照明や空調の不備に起因する居心地の悪さは、顧客の悪印象となり確実に満足度を下げることにつながるのです。

6）分類「施設」の評価項目

「施設」の分類では、以下4つのハード面について評価します。

・客室

・パブリックスペース

・大浴場

・消耗備品類

　ホテル旅館業は一般的にサービス業に分類されますが、空間を売る装置産業でもあります。したがって、サービスレベルといったソフト面だけでなく、建築物や設備といったハード面においても顧客の要求を満たす必要があります。

■評価項目「客室の広さと眺望は価格相応か？」

（「事業性評価票」における項目 ID）
- 大中規模旅館（客室 30 以上）用 … 48 番
- 小規模旅館（客室 30 未満）用 … 46 番
- ビジネスホテル用 … 42 番
- シティホテル・リゾートホテル用 … 47 番

（評価方法の詳細）

　客室の広さと眺望について、業態が同じで価格も同程度の競合他社の客室と比較することで評価します。例えば、1 泊 2 食の旅館なら、平均客単価 10,000 円未満、10,000 円以上 15,000 円未満、15,000 円以上 20,000 円未満、20,000 円以上、という価格帯で区分し、同価格帯に属する競合他社と比較します。

（評価材料の入手方法）

　視察や試泊によって確認します。

（評価基準）

　同価格帯の競合他社と比べて、客室の広さ・眺望が良好な場合は「3 点（良い）」、同程度の場合は「2 点（普通）」とします。一方、同価格帯の競合他社と比べて劣る場合は「1 点（悪い）」になります。

（考え方）

　この評価項目では、客室のハード面の状況をチェックします。ハード面に対する顧客の期待値は、価格帯に応じて異なります。

■評価項目「無線 LAN は使えるか？」

（「事業性評価票」における項目 ID）
- 大中規模旅館（客室 30 以上）用 … 49 番
- 小規模旅館（客室 30 未満）用 … 47 番
- ビジネスホテル用 … 43 番
- シティホテル・リゾートホテル用 … 48 番

（評価方法の詳細）

　館内の無線 LAN 環境について評価します。無線 LAN を使える場合は、以下の点についても確認します。

・無料で使えるか

・分かりやすく書かれた接続案内資料が、客室またはフロントに備え付けられているか

・館内（特に客室やロビー）で安定して接続できるか

（評価材料の入手方法）

視察や試泊によって確認します。

（評価基準）

無線 LAN が使える場合は「2点（普通）」、それに加えて無料かつ分かりやすく書かれた接続案内資料が客室またはフロントに備え付けられているなど、使い勝手が良い場合は「3点（良い）」とします。一方、無線 LAN が使えない、あるいは接続が不安定な場合は「1点（悪い）」となります。なお、有線 LAN が使えても無線 LAN が使えない場合も「1点（悪い）」となります。

（考え方）

この評価項目では、ハード面の利便性をチェックします。

■評価項目「施設全体の内外装等に統一感があるか？」

（「事業性評価票」における項目 ID）
●大中規模旅館（客室30以上）用・・・50番
●小規模旅館（客室30未満）用・・・48番
●ビジネスホテル用・・・44番
●シティホテル・リゾートホテル用・・・49番

（評価方法の詳細）

施設全体の内外装などの見た目について、以下の2つの観点から評価します。

・見た目に統一感があるか

・単に統一されているだけでなく、当該ホテル旅館のコンセプトが表現されているか

なお、ここでいうコンセプトとは、「4）分類『マーケティング』の評価項目」の項にある「コンセプトは明確か？ターゲットにとって喜ばれるものか？」で確認したコンセプトのことです。

（評価材料の入手方法）

視察や試泊によって確認します。

（評価基準）

施設全体の内外装などに当該ホテル旅館のコンセプトが表現されていて、かつ統一感がある場合は「2点（普通）」、それに加え大変心地よい空間に仕上がっている場合は「3点（良い）」とします。一方、施設全体の内外装などに統一感がない、あるいはコンセプトに合致していない場合は「1点（悪い）」になります。

（考え方）

　この評価項目では、当該ホテル旅館のコンセプトが顧客目線で表現されているかをチェックします。

　前述したとおり、ホテル旅館におけるコンセプトはマーケティング戦略、オペレーション、施設など、すべての要素の軸となるものです。その中でも施設は見た目で判断できるため、顧客にとって一番分かりやすい部分と言えます。それだけに顧客に対して、施設に一貫性があることを印象付けることができれば確実に評価は上がるのです。

　筆者の経験則上、コンセプトを無視してリノベーションを行った結果、全体にちぐはぐ感のある施設になってしまったケースは少なくありません。そうなるとホテル旅館の訴求力はたちまち下がってしまいます。

■評価項目「ロビーは期待感を与えるか？」

（「事業性評価票」における項目 ID）
- ●大中規模旅館（客室 30 以上）用 … 51 番
- ●小規模旅館（客室 30 未満）用 … 49 番
- ●ビジネスホテル用 … 45 番
- ●シティホテル・リゾートホテル用 … 50 番

（評価方法の詳細）

　「ロビーの広さや天井の高さ、内装、家具類が、当該ホテル旅館の格にふさわしく、かつ期待感のある空間になっているかどうか」について評価します。

（評価材料の入手方法）

　視察や試泊によって確認します。

（評価基準）

　ロビーが、当該ホテル旅館の格にマッチし期待感を与えるものになっている場合は「2 点（普通）」、それに加え大変心地よい空間に仕上がっている場合は「3 点（良い）」とします。一方、ロビーが当該ホテル旅館の格にマッチしていない場合は「1 点（悪い）」となります。

（考え方）

　この評価項目では、ホテル旅館の顔であるロビーの印象をチェックします。

■評価項目「大浴場の広さは十分か？」

（「事業性評価票」における項目 ID）

●大中規模旅館（客室 30 以上）用 … 52 番

●小規模旅館（客室 30 未満）用 … 50 番

●ビジネスホテル用 … 項目なし

●シティホテル・リゾートホテル用 … 項目なし

（評価方法の詳細）

　大浴場の設備面について、以下の 2 つの観点から評価します。

　・大浴場の広さが客室数にふさわしく、混雑が生じていないか

　・露天風呂やサウナなどの付帯設備が充実しているか

　なお、ビジネスホテル、シティホテル及びリゾートホテルについては、一般的に大浴場を備えていないので、この評価は不要です。

（評価材料の入手方法）

　視察や試泊によって確認します。

（評価基準）

　大浴場の広さが客室数相応に確保されていて、あまり混雑が生じていない場合は「2点（普通）」、それに加え露天風呂やサウナなどの付帯設備が充実している場合は「3点（良い）」とします。一方、大浴場が客室数に比べて狭く、オンシーズン※には日常的に混雑が生じる場合は「1点（悪い）」となります。

（考え方）

　この評価項目では、旅館における顧客の満足度に大きな影響を与える大浴場の設備についてチェックします。

■評価項目「客室や大浴場の消耗備品類は価格相応か？」

（「事業性評価票」における項目 ID）

●大中規模旅館（客室 30 以上）用 … 53 番

●小規模旅館（客室 30 未満）用 … 51 番

●ビジネスホテル用 … 46 番

●シティホテル・リゾートホテル用 … 51 番

（評価方法の詳細）

　客室や大浴場の消耗備品類（客室のアメニティ、大浴場のシャンプーやリンスなど）について、業態が同じで価格も同程度の競合他社と比較することで評価します。例えば、

１泊２食の旅館なら、平均客単価10,000円未満、10,000円以上15,000円未満、15,000円以上20,000円未満、20,000円以上、という価格帯で区分し、同価格帯に属する競合他社と比較します。

　なお、ビジネスホテル、シティホテル及びリゾートホテルについては、一般的に大浴場を備えていないので、大浴場に関する項目の評価は不要です。一方、ホテル独自の観点として「ベッドカバーがデュベタイプ※になっているか」といったことについても評価します。

（評価材料の入手方法）

　視察や試泊によって確認します。

（評価基準）

　同価格帯の競合他社と比べて、消耗備品類の数と質が充実している場合は「3点（良い）」、同程度の場合は「2点（普通）」とします。一方、同価格帯の競合他社と比べて劣る場合は「1点（悪い）」となります。

　なお、ビジネスホテル、シティホテル及びリゾートホテルにおいては、ベッドカバーがデュベタイプ※でない場合は他の消耗備品類の状況に関わらず「1点（悪い）」とします。

（考え方）

　この評価項目では、顧客の満足度に影響する要素の１つである、消耗備品類の充実度についてチェックします。消耗備品類に対する顧客の期待値は、価格帯に応じて異なります。

第3章
事業性評価結果の傾向
〜業態別の事業特性

●この章のポイント●

ホテル旅館と言っても様々な業態があるため、その事業特性を一括りにして語ることはできません。さらに言えば、業態は同じでも規模によって直面する課題は異なるという特殊性が、ホテル旅館にはあります。

そこで本章では、ホテル旅館を4つの業態「大中規模の旅館」「小規模の旅館」「ビジネスホテル」「シティホテル・リゾートホテル」に分け、事業性評価結果の傾向と、そこから見出される事業特性、様々な問題等について解説していきます。

本章で使うグラフの数値、用語の意味は、以下のとおりです。

<グラフの数値>

・各業態の事業性評価結果の傾向を示すグラフは、弊社が再生支援に関わったホテル旅館の実際の評点の集計値です（評点は再生計画策定時点（事業再生前）のものです）。

・レーダーチャートのグラフに示した評点は、分類別平均評点で、各業態に該当するホテル旅館の平均点です。

<用語の意味>

・グラフ中の「金融支援小」とは、事業再生に際して実施された金融支援の手法が、リスケ※またはDDS※だったホテル旅館を指します。

・グラフ中の「金融支援大」とは、事業再生に際して実施された金融支援の手法が、債権買取※または直接放棄※または第二会社方式※だったホテル旅館を指します。

1 大中規模の旅館

1）問題の傾向と事業特性

ここでは、弊社が実際に再生支援に関わった旅館のうち、大中規模の旅館（客室30室以上）37社の分析結果を使って解説します。

【図表12】大中規模の旅館（客室30以上）の事業性評価結果の傾向

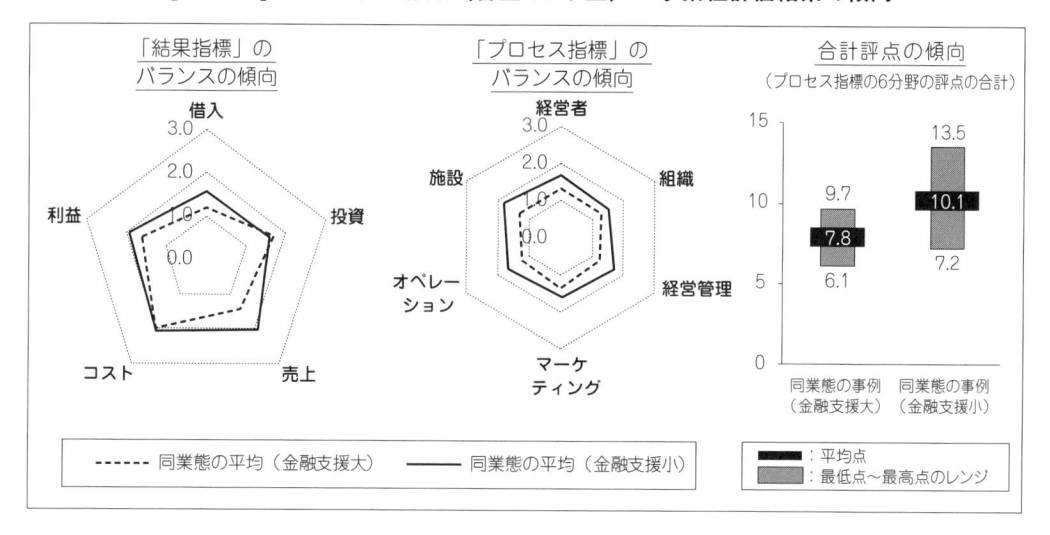

まず、結果指標の評価結果ですが、ここから見えてくるのは「売上の評価が低いほど金融支援が大きくなる傾向にある」ということです。これは大中旅館でも、特に100室規模以上の旅館になると顕著になります。

その理由は、この規模になると固定費が重くのしかかり、相当な売上がなければ利益を出すことができないからです。通常、規模が大きくなるほど過去に大規模な設備投資をしているので、どうしても減価償却費や固定資産税など、施設にかかる経費が大きくなります。また、館内が広く、規模が大きいほどパブリックスペースを贅沢に取っているし、客室1室あたりの坪数も広くなる傾向があります。

パブリックスペースを贅沢に取ったり、客室1室あたりの坪数を広くとると、空調にかかる燃料費や重油、電力の負担が増え、水道光熱費がかかります。特に寒冷地の場合、冬の暖房にかかる燃料費が一気に大きくなるので注意する必要があります。もちろん暑い地域の冷房費もかなりの負担増になりますが、筆者の経験則上、寒冷地における暖房費の方がはるかに大きな負担になります。

例えば、集中のボイラーと熱交換器を入れているホテル旅館の場合、その多くがA

重油※を燃料として使用しています。A重油※のコストは、原油の世界市況によって大きく変わります。現在のように世界情勢が流動的な局面では重油単価は上昇傾向にあります。これはすぐにホテル旅館の水道光熱費を増加させます。

　また、箱が大きいため、多数の顧客を迎え入れるスタッフも多く配置する必要があります。かつてのように団体客が宴会場を使ってくれれば効率的にサービスを提供することも可能でしたが、前述したとおり宴会場を利用する団体客は減少傾向にあり、今は個人客の比率が上がっています。そうなると食事を部屋出ししている旅館は言わずもがなですが、宴会場に個人客を集めて食事のサービスを提供している旅館でも、スタッフ増は避けられません。なぜかというと、1つは団体客より個人客の方が手数を必要とすること、もう1つはスタッフが個対個のサービスに慣れていないことも大きな要因になります。

　規模が大きい旅館は固定費が重くなるため、どうしても損益分岐点売上高が大きくなってしまい、その売上を確保するためには安価な団体客でも取り込まなければならないのです。そうすると客単価が下がり、非効率的な収益構造になってしまいます。これらのことから、単に売上を上げてもなかなか収益を上げられない旅館が多いのです。

　一方、プロセス評価の評価結果ですが、大中規模の旅館の場合、レーダーチャートがデコボコすることはなく、きれいな六角形になることが多いです。つまり、6つの評価分野の中に目立って低評価となる分野はなく、バランスのとれた評価結果になる傾向があります。

　なぜ、バランスのとれた評価結果になるかというと、一定規模以上の旅館の場合、マネジメント機能を発揮しなければ経営が成り立たないからです。もちろん経営者によって巧拙はありますが、少なくともマネジメントを発揮し、バランス良く経営している姿が見て取れます。逆説的な言い方をすれば、「一定規模以上の旅館の場合、単なる家族経営から脱却しなければ経営は成り立たない」ということです。

　大中規模の旅館では、プロセス指標の評価結果が低いほど金融支援が大きくなる傾向が強く出ます。特に「施設」と「経営管理」の分野の評価が低いと、金融支援が大きくなる傾向にあります。

2)「施設」の傾向

　まずは、「施設」の評価が低いと業績も落ち込む要因から見てみましょう。

　大中規模の旅館の場合、大きな施設を維持するための設備投資がどうしても膨らみがちです。第1章の2で述べたように、本来であれば毎期売上の2%程度を修繕や更新の費用に計画的に当てることによって、施設の基本機能を維持することができます。しか

し、筆者の経験則上、こうした計画的な設備投資を行っているところは少ないのが現状です。

　当然ながら規模が大きいほど、十分な利益を出すために必要な売上は大きくなりますが、個人客だけで客室を埋めることは困難ですので、団体客を取り込まなければなりません。今はバブル期に比べて団体客は確実に減少しています。一定規模以上の旅館はどこも同じことを考えていますので、団体客市場の取り合いになります。このように競争が激しいため、団体の客単価が下がり、売上は伸びにくくなります。営業キャッシュフローが減少し、設備投資に回す資金が不足がちになります。そして、最終的には施設を維持するために必要な最低限の設備投資もできなくなり、旅館としての基本機能すら維持できないという悪循環に陥るわけです。

　皆さんも、次のような体験をしたことはないでしょうか。ホテル旅館のロビーに入った瞬間、薄暗い照明と湿気た匂いに戸惑いを覚えたといった体験です。こうした違和感が生じるのは、基本機能である空調に不備があり、照明も十分でないことが主な要因です。問題は、このロビーに入った瞬間に感じた顧客の違和感が、宿泊する時間すべてにおいて、顧客の意識の底にへばりつくことです。食事をしていても、部屋で寛いでいても、違和感がずっと残るのです。

　こうなってしまうと、顧客から十分な評価を得ることはできませんし、ネットの口コミ評価も下がります。売上は減少傾向を辿り、営業キャッシュフローも減少し、必要な設備投資もできないという「負のスパイラル」に入り込んでしまうのです。

　筆者の経験則上、事業再生の対象となるホテル旅館のほとんどが、上記のパターンに当てはまります。特に規模の大きい旅館では、この負のスパイラルに入り込んでしまい、なかなか抜け出せなくなっているところが多く見受けられます。

3)「経営管理」の傾向

　次に「経営管理」の評価が低いと業績も悪化する要因を見てみましょう。

　経営管理とは、経営目標を達成するために組織を効率的かつ効果的に運営していく取組全般のことを言います。ホテル旅館が保有している資源、つまり人、物、金、ノウハウを活用して、最大収益を確保するための取組全般のことで、まさしく多くのスタッフ、大きな施設、日々大きな金額が動く大中規模の旅館にとって必須の能力と言えます。

　例えば、客室数100室、年間売上高10億円の旅館であれば、80名〜90名程度のスタッフが在籍します。フロント、予約、営業、総務、経理、仲居、宴会係、内務、用度※、清掃など部門も多岐にわたるため、スタッフの管理をするだけでも高度なマネジメントが必要になります。中でも継続的なサービスレベルの向上は絶対条件なので、常時顧客対応に関する教育をする必要があります。スタッフも人ですから、悩みがあった

り、人間関係に苦しんでいたり、様々な感情を抱えながら接客します。そのような状況も把握しながら、適宜サポートをする必要があるということです。

このようなスタッフのモチベーションを高める働きかけをするのはもちろんですが、一方で労働時間をきちんと管理しないと人件費増に直結します。そうしたリスクを回避するためは、売上目標に応じたきめ細かいシフト管理を行う必要があります。例えば、非効率的なオペレーションを指示したため、全スタッフの労働時間が1時間無駄になったとします。1日あたりの出勤人数を40人、1時間あたりの人件費を1,500円とすると、その日だけで40名×1,500円=60,000円の人件費を無駄にしたことになります。これが365日続いたらどうでしょうか。60,000円×365日=21,900,000円となり、年間で約22百万円もの人件費が無駄になってしまうのです。

筆者の経験則上、歴史の長い大中規模旅館ほど、上記のような事例が多く見られます。それは長い間に染みついた、誰も疑問に思わない非効率的な業務を延々と遂行しているからだと思われます。

当然ですが、規模が大きくなればなるほど、わずかな人件費の管理ミスが経費に大きなマイナスインパクトを与えます。それは人件費の管理だけではありません。物、金、ノウハウなど、収益に対する経営管理のインパクトはきわめて大きく、そこが脆弱だと業績は一気に下がってしまうのです。

4）事例　〜 A 旅館の問題

長年の歴史ある温泉地における一番館であり、90室規模の旅館です。多種多様の浴場が売りであり、足湯を楽しみながら喫茶が出来るなど温泉を身近に感じることが出来る湯宿です。

年商は11億円あり、EBITDA※は1億円（売上比9%）出しています。支払利息負担が大きくここ毎期経常損失を計上しています。そのため、簿価上でも債務超過に陥っています。有利子負債が20億円で、債務償還年数は30年を超えており、明らかに過剰債務となっています。

平成5年頃、年商以上の借入を行い大規模な設備投資を行っています。10階建ての高層階の客室等を新設し、300名収容できる大宴会場も新設したのです。当時の計画は、売上が毎期20%以上伸びるといった非常にストレッチしたものでした。時代は団体客から個人客へ急速に変化していった時期です。それに伴い、売上は逆に減少傾向が続き、結果的に過大な債務が残ったまま、現在に至ります。

この旅館もやはり、施設と経営管理に問題がありました。

計画通りに収益を上げることが難しかったものの、稼いだ営業キャッシュフローのほぼすべてを返済に充てていました。これは、取引している金融機関からの要請でした。

この状態が長く続いていたのです。そのため、建物・設備を維持していくために必要な設備投資をほとんど出来なかったのです。一方で、レストランを部分改装する、浴場を一部リニューアルするなど目に見える場所の改装については、少しずつ行っていました。この改装にかかる資金調達はすべて借入です。金融機関も目に見える、収益にプラスに働く設備投資には融資し易かったのかもしれません。

　しかし、このような小出しの設備投資は、継続的な収益増加につながることはあまりありません。なぜなら、ホテル旅館の基本機能の低下が根底にあるからです。空調や照明、給排水、客室の内装の痛みなどは顧客の満足度を無意識に下げます。このような状況で、一部のみきれいにしても帳消しになってしまうのです。

　ネット上の口コミや自社アンケートを分析すると、そのことが明確に分かりました。明らかに客室の内装、ロビーの雰囲気などの評価が非常に低かったのです。またこれらのことは、総合評価との相関関係も高い、つまり顧客が重視していることでもあったのです。

　顧客が明らかに認識するほどの施設の老朽化が進んでいたのです。そのため、団体客であろうと個人客であろうと評価が低くなりがちで、新規顧客の集客に悪影響を与えていたのです。これが、売上減少の大きな要因の一つです。

　一方の経営管理ですが、この旅館には毎月 PL や売上の予実管理表が整備され、毎月幹部を集めての会議も開催されていました。また、マルチタスク※システムを導入しており、人件費低減にも寄与していました。原価率についてもある程度管理されており、月ごとに原価率が大きくぶれることはなく、標準的な数値で推移しています。

　上記のように仕組みはあるのですが、本来行うべき予実の差異分析が全く出来ていなかったのです。きちんと売上から経常利益まで勘定科目毎に予算と実績の数値が比較さ

れた表はあります。しかし、どうしてその差異が発生したのか、誰も分からないのです。社長もこの差異について認識はしているのですが、自身の経験から判断して、大体このような原因だろうと推測だけで判断していました。このような状況なので、やはり説得力がありません。そうなると、この予実管理表は単なる数値を並べた表に過ぎません。

　幹部会議でこの数値を共有しても、誰もこの差異の分析をしていないので、「どうしてこのような差異が生じるのか」「どうすればこの差異を埋めることができるのか」といったPDCA※サイクルを回すような議論にはなりません。その結果、いつも同じオペレーションやサービスの提供にとどまっています。一番大切な売上に関しても同様ですので、営業もおざなりで、従前通りの総合案内所※の同行営業を気が向いたときに行う程度の状態でした。

　従前通りのサービスと営業を繰り返しているだけですので、売上は下がり続けます。施設の老朽化も相まって、売上低下の傾向に歯止めがかかることはなかったのです。

2　小規模の旅館

1）問題の傾向と事業特性

　ここでは、弊社が実際に再生支援に関わった旅館のうち、小規模の旅館（客室30室未満）18社の分析結果を使って解説します。

【図表13】小規模の旅館（客室30未満）の事業性評価結果の傾向

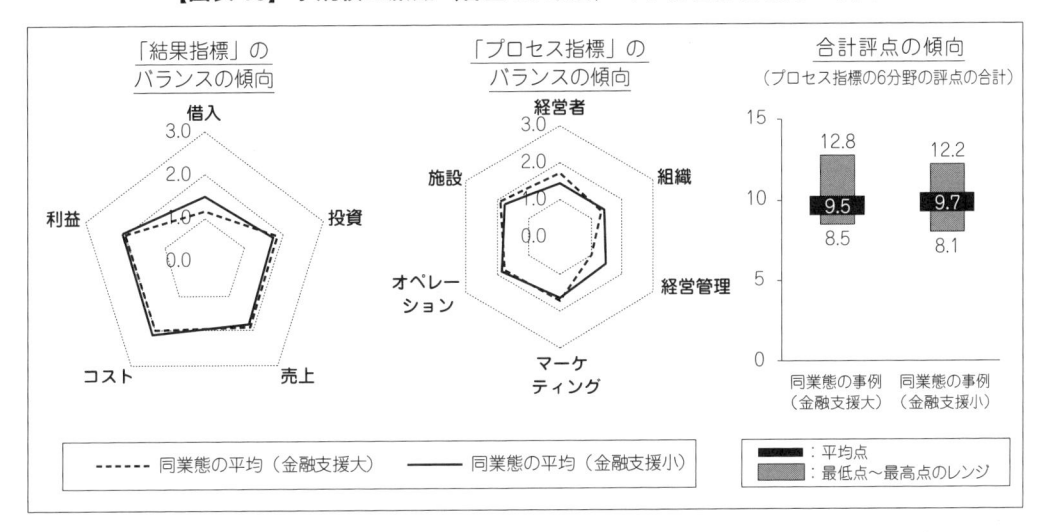

　まず、結果指標の評価結果から小規模の旅館の傾向を見てみましょう。

　当然ながら「借入」の評価が低い旅館の金融支援は大きくなる傾向にあります。しかし、他の分野では結果指標の評価結果と金融支援の程度に相関はなさそうです。つまり、小規模旅館の場合、過去の業績だけを見て何らかの金融支援をしているわけではないと考えられます。筆者の経験にかんがみると、小規模の旅館は経営基盤が脆弱なところが多く、金融機関にしてみれば単に経済合理性だけで判断することができないからだと思われます。経営には情と理があると言われますが、小規模旅館の場合は「どちらかというと情が判断を左右する」と考えられます。換言すれば、小規模旅館の方が、大中規模の旅館より事業の将来性を見据えるのは難しいと言えると思います。

　特に老舗旅館として地域に根ざし、その温泉地のシンボル的な旅館である場合は、債権カットなど抜本的な金融支援をしてでも事業の継続を図ろうとする傾向が強いようです。また、昔から地域金融機関との関係性が良好で、金融機関としてもなんとか地域に残したいという動機が強く働く場合も抜本的な金融支援を実行することがあります。このように経済合理性とは別の要因で金融支援の大小が決まる点が、小規模旅館の特性と

言えます。

　一方、プロセス指標の評価結果の傾向ですが、小規模旅館の場合、プロセス指標の評価結果は総じて低くなる傾向にあります。特に「組織」と「経営管理」の分野の評価が低くなっていますが、それぞれどのような理由があるのか見ていきましょう。

2)「組織」の傾向

　小規模旅館の経営は、一言で言うと家族経営です。本人が社長、奥様が女将、父が会長、母が大女将、息子が専務といったように、家族総出で経営に当たっています。こうした家族経営において問題になるのは、組織運営において感情が先に立ってしまうことです。

　例えば、先代の社長である会長と現社長の2人がそろって自我が強い場合はどうでしょうか。この場合、船頭が2人いるのと同じなので、スタッフはどちらを向いてついて行けば良いのか分からなくなります。例えば、スタッフの職歴が総じて長く、会長にお世話になった経験を持っている人が多い場合は、表向き社長の指示に従っているように見えて、実は会長の言うことを信頼し、無意識に従っているケースがよくあります。そうなると、たとえ社長が経営改善に取り組みたいと考えていても、自然とスタッフの心にブレーキが掛かり、速やかな改善に結びつけることはでききません。

　また、社長と女将の力関係も経営に大きな影響を与えます。社長にリーダーシップがあり、目標に向かってスタッフを巻き込んでいける場合は、女将は現場をしっかりサポートする役割を演じることになります。逆に、女将の方が顧客や関係者に対するパフォーマンスが上手な場合は、社長は裏方に徹し、経理や総務、施設管理、渉外活動に専念することになります。

　このように大きく分けると2つのパターンがありますが、いずれの場合も「社長は経営全般、女将はおもてなしや現場のオペレーション管理」という基本的な役割があります。その強さによって、立ち位置が変わるのです。つまり社長の力が強ければ前者のスタイルになりますし、女将の方が強ければ後者のスタイルになるわけです。いずれにしても、この力関係が明確でバランスが取れていれば問題ありませんが、両者がうまくかみ合っていない場合に問題が生じるのです。

　例えば、リーダーシップの強い社長は、他所で見聞きしたことに刺激を受けると、「どこそこでこんなサービスがあった、うちでもやってみよう」と女将やスタッフに働きかけます。もちろん中長期的に見て有効なサービスかどうか検討したうえでの提案であれば良いのですが、往々にして思いつきでアイディアを出しているパターンがほとんどです。それでも女将としては社長の言うことなので、その方針を現場に伝え実行するよう促します。

　しかし、今まで提供していないサービスを始めようとするわけですから、どうしても時間がかかります。最悪なのは、その時間を無視して、さらに違うサービスを提供しようとするケースです。そうなると中途半端で浸透しないサービスだけがドンドン溜まっていきます。その結果、一体どのようなおもてなしを提供する宿なのか分からなくなっていくわけです。

　もう１つ、社長と女将の力関係がうまくかみ合わない例を紹介しましょう。

　女将は、顧客へのきめ細かいサービスを提供するべく日々現場を束ねて頑張っています。その温かみが顧客の共感を呼び評判も上々です。一方、社長はエージェント※との付き合いや他の旅館の経営者との付き合いが中心で、ほとんど外出しています。

　このような旅館の場合、社長本人は分かっているつもりでも、ほとんどの社長は現場を分かっていません。例えば、「どのような顧客が利用し、何に喜んでもらっているのか」といったマネジメントにきわめて重要な事項について、ほとんど分かっていません。そんな社長ですから、旅館の将来を見据えた方針を女将やスタッフに提示することができるわけがありません。せっかく日々のおもてなしで好感度を得ているのに、計画的な設備投資を行うことはできないし、営業戦略も曖昧なままです。これでは売上を伸ばすどころか、かえって低下させてしまうだけです。

　こうした事例は家族経営の旅館によく見られますが、家族経営だからこそ、組織運営が稚拙で感情中心になってしまうのです。経営は近視眼的になりがちで、継続的に売上を維持向上させることが難しくなるのです。

3)「経営管理」の傾向

　小規模旅館の場合、家族中心の経営になるので、どうしても身内が分かれば良いという管理になりがちです。例えば、いまだにパソコンを使用せず、手書きの帳票を中心に管理するといった前近代的な運営を行っている旅館も少なくありません。また、パソコンを導入してはいるものの、単に旅館システムに顧客情報を入力し、会計しているだけといったところも多く見受けられます。

　そんな状況でも、毎期の試算表だけは一月ないし二月かけて作成しているので、何とか業績の動向は読み取れます。しかし、タイムリーな売上や原価、人件費などは分かりません。そもそも予実管理どころか毎期の経営計画を立てていないので、計画に比べて良いのか悪いのか比較する対象がありません。毎年、年度末近くになって初めて儲かったのか、それとも儲からなかったのかが分かる程度です。

　これでは、経営者が主体的に経営する体制にはほど遠く、どう考えてもマネジメント機能であるPDCA※を回すことはできません。つまり、外部環境の変化に対応することができないまま、従前通り家族で提供できるおもてなしに終始せざるを得ないため、

結果的に業績が低下していくことになります。

4）事例　〜B旅館の問題

　B旅館は、地方の古民家を移築して開業した旅館です。古民家としては大きく客室は10室あります。大正時代の古民家であり、数寄屋造りの古木が組み合わさったしつらえは、1,000坪の日本庭園も相まって非常に趣があります。

　高級路線で売っており、平均客単価は3万円前後ですが、客室稼働率は約20％にとどまっています。売上は年々減少しており、直近期は60百万円までになりました。十年前には2倍の約120百万円ありました。経費も絞りきっていますが、売上の減少が大きすぎて、固定費をまかなえない状況が続いています。そのため、恒常的に営業損失および経常損失を発生させています。減価償却費が大きいためであり、EBITDA※の売上比率は20％近くありました。

　当初古民家を移設した際に想定以上の資金が必要となり、それらを借入でまかったのですが、この借入がいまだに残っているのです。その金額は300百万円に上り、実に売上の5倍になります。

　EBITDA※比率を維持したまま売上を増加できれば、収益の改善が出来そうです。現状の客室稼働率は20％ですので、あまりにも低すぎます。立地が良くないにしても、客室稼働率が悪すぎます。客室数が少ないため、OTA※をうまく活用できれば集客できそうです。

　B旅館の組織は、会長である父と社長、社長の奥様が女将、あとはパート社員という組織です。会長と社長は、職人のため、常に調理場に入っています。社長は経営全般を見なければなりませんが、計数管理や経理業務、スタッフの労務管理などが不得意であり、すべて女将に任せていました。女将が数年前から体調を崩して、旅館に出られなくなってしまったのです。それからです。顧客に対して十分なおもてなしが出来ず、客単価3万円に見合ったサービスが提供できなくなったのです。料理は相変わらず評判が良いのですが、サービスまで社長も見切れていませんでした。

　経理もずっと女将が担当していましたが、経理についてはほとんど顧問税理士に任せっきりでした。例えば、試算表はできあがるのが遅く、翌々月の月末ぐらいにやっとできあがるというのが常態化していました。それに拍車をかけたのが、女将の病気です。もともと社長は経営や経理に無頓着だったので、単に帳票をまとめて顧問税理士に提出するだけとなり、その結果、試算表の作成はさらに遅れるようなってしまったのです。

　こんな状態ですから、もちろん経営計画はありません。毎年年度末に締めて、初めて売上と利益が分かるという状況が続いていました。財務諸表を確認すると、人件費や経費は、家族経営にパート社員数名の体制なので、さほど変わりませんが、売上が想定していた数値よりも悪化している状況が数年続いていることが見て取れました。社長がそれに気づいたときには「時すでに遅し」です。何ら改善策を打ち出すこともなく、あたふたしている間に顧客満足度が下がり、それにつられて売上も落ち込むといった悪循環に陥っていたのです。

　当該旅館の場合、人員体制が脆弱なため、できることは限られています。しかも、社長は調理業務が中心でマネジメントには及び腰だったので、売上は落ち込んでいく一方でした。たとえハード面や料理に特徴があっても、経営管理体制や人員体制が脆弱だと、結果的に集客力の低下に歯止めをかけることができないという典型的な事例です。

3 ビジネスホテル

1）問題の傾向と事業特性

ここでは、弊社が実際に再生支援に関わったホテルのうち、ビジネスホテル9社の分析結果を使って解説します。

【図表14】ビジネスホテルの事業性評価結果の傾向

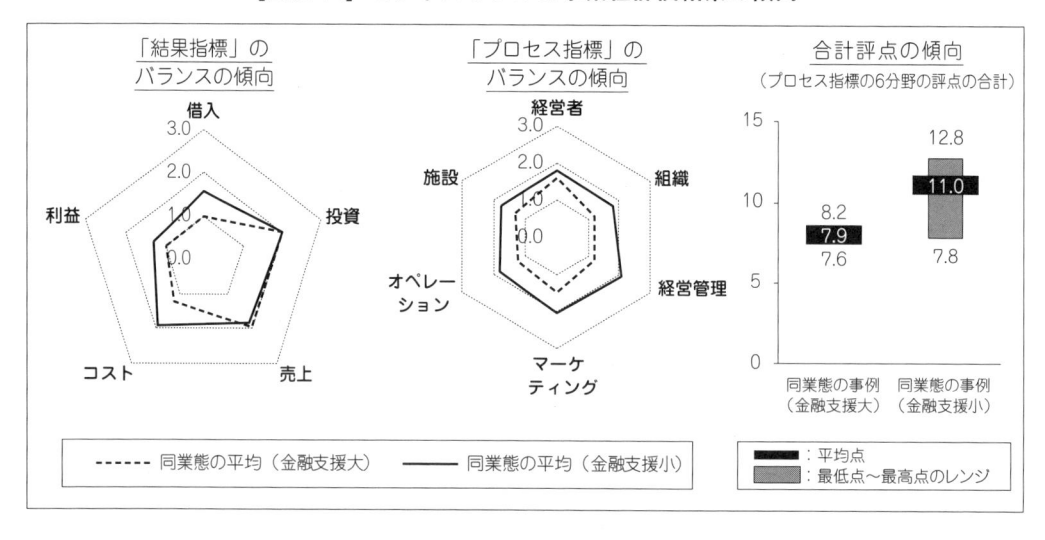

結果指標の評価結果の傾向を見ると、5つの評価分野のうち「コスト」と「利益」の評価が低いホテルほど金融支援が大きくなる傾向があります。その一方で、「売上」の評価結果とは相関がなさそうです。このことから「コストコントロールの仕組みがあるかどうか」「その仕組みが機能しているかどうか」が評価のポイントになると考えられます。

一方、プロセス指標の評価結果の傾向を見ると、「経営管理」の評価が低いほど金融支援が大きくなります。つまり、「コスト」と「利益」、それに「経営管理」といった分野から、主にコストに関する経営管理の巧拙が業績に大きく影響を与えることが見て取れます。

2）業績を左右する要因

ビジネスホテルの事業特性として、立地によって売上が左右されるという点があります。例えば、駅近にあるビジネスホテルであれば、一定以上の売上を見込むことができます。なぜなら、ビジネスホテルにおける顧客のニーズは利便性が優先するからです。

つまり、コンビニエンスストアと同様に「すぐに見つかり、すぐに利用でき、すぐに欲しいものが手に入る」といったニーズがビジネスホテルでは重要視されるのです。

次に重要なのは、ハード面での利便性です。ハードに対する顧客の要求は日々高くなっています。例えば、「20㎡以上の広さがある」「ライティングデスクが使いやすく広い」「バゲッジスペースが十分にあり、中の荷物を出しやすい」「トイレとバスがセパレートで清潔さに溢れている」「空気清浄機が常備されている」といった機能が整備されていれば、顧客から選ばれやすくなります。さらに最近は、「スマートフォンの充電ができるコンセントがベッドのすぐ脇にある」「スマートフォンを活用してホテルや周辺の情報を得やすい」「スマートフォンから様々なオーダーができる」といったスマートフォン関連のサービスが充実しているビジネスホテルが選択されやすくなっています。

立地は途中で変えることはできないので、立地はホテル開発フェーズにおいて非常に重要な要素と言えます。ハード面についても、当初の開発計画時点である程度決まってしまうため、一度作ってしまえば他のビジネスホテルとの差別化を図るのが難しくなります。例えば、資金力のあるホテルチェーンによって駅近など好立地の場所に、上記のハードを揃えたビジネスホテルが建設されると、そのホテルより優位に立つことは難しくなります。

このように、ビジネスホテルの売上は立地とハード面によって決まると言っても過言ではないのです。もちろん、同じような立地で、グレード感が同様のホテルは、イールドマネジメント※を駆使しながら収益の最大化を目指すために日々激しい競争をしています。立地やハード面は致し方ないとしても、売上は一番興味のある指標ですからどのビジネスホテルも売上に関してはよく管理しているという事情もあります。

よって、ビジネスホテルは、売上よりも「コストコントロールの仕組みがあるかどうか」「その仕組みが機能しているかどうか」が業績に強く反映され、金融支援の程度にも影響を与えているのです。

3) コストコントロールの傾向

ビジネスホテルは、他の業態に比べると比較的オペレーションは簡易です。朝食はあるとしても宿泊サービスが中心のためです。主な経費としては、人件費および外注費（客室清掃）と水道光熱費、送客手数料です。

まず人件費ですが、季節によって繁閑の差が少ないビジネスホテルはスタッフのシフト組も固定化しやすい傾向にあります。人件費は支配人とフロントスタッフ、営業など間接部門のスタッフが中心となります。フロントスタッフと間接部門スタッフは、売上によらずほぼ固定シフトになります。そうは言っても、毎日客室稼働率が100％ということはありませんので、客室稼働率や団体と個人の比率によってきめ細かくシフトを変

える必要があります。たった一人でも余分に配置してしまうと、一日あたり1.5万円〜2万円ほど人件費を無駄にすることになります。コストコントロールの仕組みがないビジネスホテルは、このように客室稼働率に応じて適宜シフトを組む仕組みがないことが多いものです。そうすると、余剰人員で対応する日が多くなり、人件費が高止まりします。

外注費は客室清掃にかかる経費が主となります。客室清掃の外注費はほとんどが最低保障付きの稼働客室数に応じた費用になっています。そのため、契約時に設定した単価などが高ければ別ですが基本的には稼働量に応じて変動します。そのため、外注費が原因で経費が膨らみ利益を圧迫するということはありません。気をつけなければいけないのは、客室清掃を内製化している場合です。この場合は、客室稼働率に応じて客室清掃スタッフのシフトをきめ細かく組まないと、すぐに高止まりしてしまいます。外注する際の清掃単価よりも内製化した方が安価になりますが、シフト管理は難しくなるのです。

水道光熱費はほぼ固定費ですが、使用量が多くなっていないか、単価は上がっていないか、毎月チェックすることが重要です。単価が上がってしまうのは外部要因のため仕方ないとしても、使用量は管理できます。宿泊客一人あたりの使用量を毎月チェックして、増えているようであれば、使用していない客室で空調や照明がつきっぱなしになっていないか、バスや洗面台、トイレで水漏れがないかなどを見る必要があります。これらの仕組みがないと、すぐに固定費増加につながって利益を圧迫します。最初から固定費だと割り切ってあまり見ていない経営者が案外多いものです。

最後に送客手数料です。ビジネスホテルは、OTA※の活用が中心ですので、大中規模の旅館に比べると送客手数料の売上比率は低い傾向にあります。大手リアルエージェント※や総合案内所※からの送客手数料は18％〜20％に上ります。OTA※は8％〜10％程度です。ビジネスホテルも大箱になると、やはり団体客を取らざるを得ません。そうすると大手リアルエージェント※や総合案内所※からの送客に依存してしまうこともあります。その結果、送客手数料が上がってしまいます。一方、リピートを多く抱えているビジネスホテルは手数料がかからないため、送客手数料は低くなります。

すべて直客という訳にはいきませんが、この比率を高めることが重要です。OTA※やリアルエージェント※中心のビジネスホテルは、顧客をリピート客にする取り組みが遅れがちです。そうすると、いつまでも送客手数料も高止まりしてしまいます。リピート化する仕組みがないビジネスホテルは、利益を圧迫してしまうのです。

4）事例　〜Cホテルの問題

Cホテルは地方都市に立地するロードサイド型の50室のビジネスホテルです。地方の中核都市からも離れており、近くに駅はないので主に車での利用になります。ビジネ

スホテルとしては立地が悪いように見えます。地方の都市にはよくあるのですが、駅から近いことよりも車での移動途中に利用しやすい立地のほうが有利な場合があります。このビジネスホテルもそうです。地方の中核都市と中核都市を結ぶ路線上にあり、そのどちらからも利用できる場所です。車での出張、主に営業担当者が利用したり、地方都市周辺の土木建設工事従事者が利用したりします。

ハード面では、周囲のビジネスホテルと比較すると設立が古いため、また資金的余裕もないため、老朽化が進んでいます。客室は狭く、内装も汚れが目立ちます、FF&E※も一昔前のしつらえのものが多く、決して見た目が良いわけでもありません。Wi-Fiは何とか導入されていますが、ベッドの脇にコンセントがないなどスマートフォンを利用するには不便さもあります。

近隣で病院の新設など大規模な建築工事があります。それ以外にも街の再開発が行われており、しばらくは工事関係者の利用が見込めます。需要は底堅くあるため、ほとんどが電話での直予約です。季節変動もさほど大きくなく、客室稼働率は50.0%〜60.0%を維持しています。経営者はこのような外部環境の追い風に甘えることなく、建築工事現場の事務所や施工主のゼネコンや下請けの会社にも顔をこまめに出して、営業にも精を出しています。顔を出して、ホテルのパンフレットやちょっとしたお土産を渡すだけですが、定期的に空いた時間を使って訪問しています。このような努力もあってか、客室稼働率は維持できています。売上は毎日営業日報を作成して経営者が確認しています。

一方、計数管理が的確になされておらず、毎月のPLを2ヶ月遅れで把握している状況です。また、経営計画もないため、予実管理が出来ておらず、毎月の具体的な改善につながっていません。

コスト面で問題なのは、人件費の高止まりです。オペレーションは日々安定していますので、これまで通りの人員体制で対応しています。しかし、人件費率は40%前後を行ったり来たりの状況でした。フロントの人員配置が厚すぎるのと客室清掃の人員数も過剰のためです。そもそも、比較対象がないため、人件費が高止まりしていることにも気づいていなかったのです。また、当月のPLを見るのが2ヶ月後なので、当月の状況を思い出せず、何が問題なのかよく見えないのです。

　水道光熱費も同様です。水道光熱費の売上比率は 10％前後あります。これも明らか
に高いのですが、経営者は高いことにも気づいていません。通常のビジネスホテルと比
較して、水道光熱費比率が高いことが分かっていないのです。これは、施設の老朽化お
よび集中の空調システムを使用しているためです。施設が老朽化すると、給排水や空調
で使用する管が劣化します。そうすると、詰まりを起こしたり、亀裂が入ったりして、
当初の想定していたエネルギー効率を実現できなくなります。それでも指定された温度
を実現しようとするため、燃料費が通常よりかかってしまうのです。結果的に、水道光
熱費が増えることになるのです。

　この経営者は売上以外の計数管理に気を止めておらず、構成比率の高い人件費と水道
光熱費が高止まりして、利益を圧迫していることに気がついていないのです。そのため、
経常的に償却前営業利益※率が低く、十分な返済原資を稼ぐことが出来ていないのです。

4 シティホテル・リゾートホテル

1）問題の傾向と事業特性

ここでは、弊社が実際に再生支援に関わったホテルのうち、シティホテル及びリゾートホテル8社の分析結果を使って解説します。

【図表15】シティ・リゾートホテルの事業性評価結果の傾向

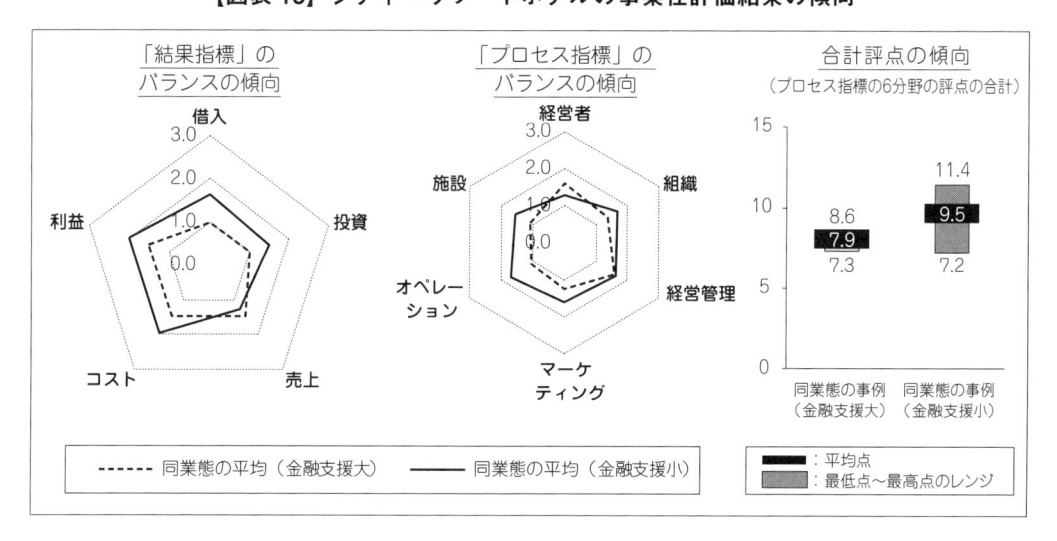

シティホテル・リゾートホテルの事業性評価結果から浮き彫りになるのは、設備投資の問題です。結果指標の評価結果では、「投資」の分野の評価が低いホテルほど金融支援が大きくなっています。また、プロセス指標の評価結果でも「施設」の分野の評価が低いホテルほど金融支援が大きくなっています。つまり、毎期2%程度の設備投資を実行することができず、かつ10年スパンの大規模な設備投資もできない状況にあるシティホテル・リゾートホテルが業績を悪化させていることが見て取れます。

具体的な傾向とその要因について、シティホテルから見ていきましょう。シティホテルは宿泊だけでなく、レストラン、宴会、婚礼、会議・研修、軽い打ち合わせなど、多種多様な目的で利用されるきわめてパブリック性の高いホテルです。しかも利用ニーズが日常使いから非日常使いまで多岐にわたるため、昼夜を問わず大勢の顧客が自由に出入りします。

問題は、時とともに顧客のニーズが変化し、しかも、そのスピードが以前と比べて格段に速くなっていることです。シティホテルはそのパブリック性の強さから、顧客の嗜好やニーズの変化に敏感に対応していかなければなりません。ホテルとしての基本機能

を維持するための計画的な設備投資はもちろんですが、10年スパンの大規模な設備投資も必要不可欠と言えます。近年では10年でも遅いぐらいで、5年〜10年未満で大規模な設備投資が必要になってきています。

リゾートホテルも同様です。リゾートホテルは非日常ですから特に、顧客の嗜好の変化や流行に対応していかなければ飽きられてしまいます。空調が効かない、水回りが老朽化しているなどはもってのほかとなります。せっかくリゾートに来て日常を忘れたいと思っているのに、基本機能が劣化していると日常に引き戻されます。やはり計画的な設備投資と5年〜10年未満での大規模な設備投資は必要となります。

2）設備投資の傾向

シティホテルにしてもリゾートホテルにしても、この設備投資が十分に出来ていないホテルが多くあります。プロセス指標の評価結果において「マーケティング」や「オペレーション」の分野に問題があるホテルは、概してGOP※が低くなります（この要因は後述します）。GOP※が低くなると営業キャッシュフローが少なくなります。シティホテルとリゾートホテルは投資が大規模かつ高頻度になりがちですので、自己資金で賄いきれないものは借入で賄うことになります。自然と借入は増える傾向にあります。きちんと営業キャッシュフローが稼げていれば良いのですが、そうでなければ返済原資が不足します。結果的にいつまでの過剰債務が残ったままになるのです。

このような状況に陥ったホテルに新規融資をする金融機関はなかなかありません。しかし、資金調達が出来ないと設備投資が出来ません。そうして、施設の老朽化が進んでいく、あるいは時代遅れの施設になっていくことからシティホテル及びリゾートホテルを利用する顧客から飽きられてしまうのです。主に客数が減少していきますが、顧客の事前期待に応えきれないことから客単価も下がっていきます。このことから売上が低下していくのです。

3）ホテルコンセプトの重要性

プロセス指標の評価結果の傾向を見ると、これまで述べてきた「施設」だけでなく「マーケティング」と「オペレーション」の分野にも、評価が低いと金融支援が大きくなる傾向があります。

ターゲットを明確にしてターゲットのニーズに合ったサービスを提供していくことがホテル旅館のマーケティングのセオリーです。シティホテル・リゾートホテルは様々な部門でサービスを提供しています。顧客も多種多様なニーズや利用目的を持っていることは先ほど見たとおりです。このように明確に絞りきれないターゲットに対して様々なサービスを提供しているため、なかなか的を絞ったマーケティングが出来にくい性格を

持っています。

　部門を横断する具体的なターゲットイメージがあり、そのターゲットに対してどのように売っていくのか（マーケティング）、何を提供するのか（オペレーション・施設）において一貫性があるホテルは、顧客の目を引き、集客力が高まります。そして、一貫性のあるサービスを楽しめるため、顧客満足度も上がりリピート率や口コミにより売上の増加につながります。このターゲットからマーケティングやオペレーション・施設に通じる一貫した軸が、ホテルコンセプトです。ホテルコンセプトは、顧客にどのような時間をホテルで過ごしてもらえるのかを明確にしたものです。ホテルコンセプトが明確であればあるほど持続的に収益を上げることが出来るのです。

　シティホテル・リゾートホテルは、様々な部門があるため、どうしても部分最適になりがちです。ホテル全体としてのコンセプトを顧みずに営業活動をしたり、新サービスを始めたりすることが多いものです。また、リノベーションもコンセプトを無視して、デザイナーなどの意向を強く反映したものになってしまって、顧客から見たときにちぐはぐ感があることも多いです。その結果、ホテルとしての訴求力が下がってしまい、顧客満足度も下がってしまうのです。

4）競争戦略の重要性

　マーケティングですが、他の業態と比較して部門が多いシティホテル・リゾートホテルは、1泊2食が中心の旅館業とは明らかに異なるマーケティングノウハウが必要となります。

　宿泊部門であれば、ただ単に宿泊するだけであればビジネスホテルと競合します。この場合は、ビジネスホテルのマーケティングを活用することになります。イールドマネジメント※を最大限活用してRev.PAR※の最大化を図ることになります。婚礼に伴った宿泊や会議・研修に伴う宿泊など他部門の利用者が宿泊するシーンも多くなります。宿泊部門一つとっても、顧客の利用目的や動機が様々ですので、それだけマーケティング活動も複雑になります。

　シティホテル・リゾートホテルは、同じ業態のホテルと戦わなければならないのと同時に、料飲部門や宴会部門は街場※のレストラン、婚礼部門は婚礼専門企業とも戦っていかなければなりません。様々な顧客のニーズに応えようとすると、それだけ敵も増えるということです。

　このように見ると、ターゲットを設定して、そのターゲットに対して売り物を決めて、売り方を工夫して売っていくというマーケティングの基本だけでは、十分に売上を上げることが困難です。前提として、他の同業態のホテルや他業種とも戦いながら売上を上げていかなければならないからです。そうしたときに求められるノウハウが、競争戦略

の考え方です。戦って勝つためには、逆説的ですが、他の競合と戦わずして如何にして勝つかという視点が必要となります。自社が保有するコア・コンピタンス※を活用しながら、競争を回避するポジションを取ることが重要になります。ホテルコンセプトに通じますが、自ホテルのポジショニングを他の競合と異なるところに置かなければなりません。

シティホテル・リゾートホテルは、マーケティング以前の競争戦略の策定が重要であることが分かります。しかしながら、このような視点を持っているホテルが少ないことも事実です。そのため、実際には、各部門がばらばらにプランを造成して従前の販売チャネルに乗せて販売したり、営業部隊を使って人的営業に注力したりすることになるのです。これまでのマーケティング活動も重要ですが、これだけ顧客のニーズが多様化し競合ホテルが増えている現状においては、従前のマーケティング活動だけでは十分な売上を得ることが難しいことは容易に想定されます。

5）一貫性のあるオペレーションの重要性

オペレーションについてですが、これまで述べたようにシティホテル・リゾートホテルは様々な顧客のニーズに対応するため、様々な部門において多種多様なサービスを提供しています。そのため、人員配置は重厚長大になりがちです。一人一人異なるニーズに対応するために、どうしても対応するスタッフ数が増えるのはやむを得ないところです。現場スタッフからすると、良いサービスを提供するためにはスタッフが必要だ。経営者からしても、良いサービスを提供すれば、顧客に喜ばれ、結果的に売上につながるはずだ。と、それぞれが思いは違いながらも結果として人員配置は重厚になりがちで、シフト組みも甘くなります。部門が多いことも相まって、人件費は膨らむか高止まりしてしまいます。特に料飲部門と宴会部門の人件費率が高くなる傾向が強いです。

また、シティホテル・リゾートホテルは、各自が誇る高級なサービスや料理を提供している自負があります。かつて、喜ばれた美味しい料理、格式あるサービスなどです。それらが、継続的に価値を提供し続けて、顧客からの評価を得ていれば良いのですが、その多くは自己満足なものも多いのが実情です。顧客に喜ばれるためには、これまで大切にしてきたサービスポリシーや特製料理のレシピを変えることは許されないという暗黙の意思が共有されるのです。外部からのチェック機能やアンケートや日々の接遇から顧客ニーズの変化を感じることが重要なのですが、このようなホテルではそれすら出来ない何かがあります。そうすると、いつまでも古くさい、旧態依然としたサービスや料理を提供し続けてしまうのです。コアなリピーターはそれを大変喜びます。しかし、新規顧客の開拓はおぼつかないため、売上は減少傾向が続くことになるのです。

施設の問題は、設備投資の問題として先に述べたことと同様です。顧客ニーズの変化

に対応するために必要な投資が出来ていないホテルは、当然施設の評価も低くなりがちです。特に、一貫性のない投資計画からホテルの中身がばらばらになってしまい、ロビーは立派だが客室が狭くてチープであったり、いくつかのホテル棟があるがそれぞれのコンセプトがばらばらで統一感がなく、なんとなく居心地が悪かったり、といった次第です。このようなホテルはなんとなく感じる違和感が顧客満足度を下げてしまい、口コミ評価も下がるため、新規顧客開拓が不十分になってしまいます。コアなリピーターだけでは客数は減少する一方です。そうして、売上の減少傾向が続くのです。

6)　事例　〜 D ホテルの問題

　D ホテルは「そこそこの市場規模のある地方都市に一つはある」と言われるコミュニティホテルです。客室は 100 室とさほど規模は大きくないのですが、1,000 名収容のコンベンションホールや様々なタイプの宴会場を保有しており、当該エリアのあらゆる宴集会需要を一手に取り込んでいます。この点がこのホテルの差別化要因となっています。恐らく、この都市周辺の住民で D ホテルを知らない人はいないぐらいです。それぐらい、このホテルを何らかの目的で利用しているのです。宴会場以外にも和洋中のレストランもあり、チャペルを併設した婚礼もあります。まさしく、都市の住民にとってのコミュニティなのです。

　売上は約 20 億円ですが、年々減少しています。計数管理の仕組みはしっかりしており、毎月タイムリーに各部門の売上から営業利益までが確認できるようになっています。幹部会議も整備されており、各部門長が部門 PL を把握することが出来るようになっています。経営者は何でも自分で考えて指示を出すタイプで、あまり部下の言うことには耳を貸しませんでした。予実差異分析は経営者の思い込みで行われており、部門長が意見することはありませんでした。昔からそのようなマネジメントでしたので、部門長のマネジメント能力は低く、時代の変化に合わせて臨機応変に提供サービスを変えたり、原価や人件費など計数管理をきめ細かく管理したりする組織にはなっていませんでした。

　25 年前ぐらいに年商規模以上の設備投資をしています。当時の売上は 30 億円ありましたので、40 億円規模の投資でした。それまで地方の小さなホテルであったものを、時代および地域の要請から大規模なコンベンションホールと多様な飲食施設を中心にほぼ既存建物を建て直して大規模に改修されました。改修してから数年は、地域の需要の高まりと波長が合っていましたので、売上は 1.5 倍まで伸びました。当時は経理担当者がしっかりしておらず、経営者が非常にワンマンであったこともあり、計数管理はほとんどなされていませんでした。ただ、サービスと料理にはこだわり、高い人件費のサービス責任者や料理人を呼び寄せていました。そのような状況でしたので、どんぶり勘定でした。売上は大きく伸びたものの営業キャッシュフローは低い状況が続いており、返

済が計画通り進まなかったのです。

　そうこうしているうちに地域の人口が減っていき、地域経済も低迷、そこに追い打ち
をかけるように団体から個人へと旅行ニーズが変わったため、売上は低下し続けていき
ました。もともと計数管理体制が脆弱なため、売上が下がるとすぐに営業利益はマイナ
スとなり、結果的に最低限必要な設備投資もできなくなってしまったのです。このため、
「ロビーに入った瞬間、照明の暗さを感じる」「内装の意匠が古臭い」「空調が効いてい
ないのか、空気が淀んでいる感じがする」といったクラシックではなく単に時が経過し
た時代遅れのホテルという印象をお客様に与えるようになってしまったのです。

　時代遅れの感を醸し出すのは、施設や設備だけではありません。周りを見渡すと黒服
らしきスタッフがいるものの、何かしらホテルのグレードとあっていない違和感を感じ
ます。レストランのメニューを見ても昔からあったような料理ばかりです。サービスも
定型的に定まったものではありますが、親しみは感じません。確かに歴史のあるホテル
ですが、なんとなく今の時代に合っておらず、昔からのおなじみ様向けのホテルという
印象を顧客に与えてしまいます。このような状況が続くため、新規顧客はもう二度と利
用しないことが多くなります。

　営業も、宿泊部門については近隣の企業に対してコーポレート契約のお願いや出張需
要の取り込みをしたり、元々強かった宴集会場については既存顧客との関係性を強化し
たりすることによって、何とか利用してもらっている状況です。これだけ地元に密着し
ていると、地元の企業や名士との繋がりが強く、その縁で集客することになってしまい
ます。そのため、新規顧客開拓はさらに遅れることになり売上の減少に歯止めがかから
なくなるのです。

　良いものを提供することで顧客から評価を得よう、それが結果的に売上につながる、

という経営者の基本方針も影響しました。人件費の高いサービス責任者や料理人を多く配置してきて、そのおかげで高品質のサービスと料理を提供することが出来たという考えが浸透していました。この思考様式はずっと受け継がれており、変えることが難しいパラダイムになっていたのです。

　売上は低下傾向が続いていましたが、このパラダイムを変えることが出来ず、営業キャッシュフローは減少傾向が続いているのです。

第4章
事業性評価結果に基づく目利きと支援ノウハウ

●この章のポイント●

本章では、事業性評価の結果の実践的な使い方を解説します。

「1 融資先の目利き」では、事業性評価の結果から将来性を見極める方法を解説します。

「2 融資につなげるための経営支援の方針策定と具体策」では、事業性評価の結果から弱みが見えた場合に、そこを改善する支援策を具体的に解説します。

1 融資先の目利き

事業性評価の結果を使うことで、過去実績だけでなく、潜在能力と将来性を加味した融資判断が可能になります。

1) 債務状況と収益力による目利き

ここでは、弊社が実際に再生支援に関わったホテル旅館の一部について、事業再生前の債務・収益力がどのような状況の時に、どのような金融支援が実施されているかを分析しました。

■債務状況と金融支援の傾向（大中規模の旅館）

図表16のとおり、大中規模旅館の場合、有利子負債対年商倍率※が2倍を超えると債権カットなど抜本的な金融支援が必要になります。また、償却前営業利益※率が低い場合も、抜本的な金融支援を行う傾向にあります。

これは、大中規模旅館は、規模が大きいため従業員数も多く、取引先も多いことから、事業を継続させないと地域経済への影響が大きいことが主な要因と考えられます。そのため、収益改善の見込みがあると外部専門家も活用しながら判断できれば、抜本的な金融支援に踏み込むのです。どの旅館でも良いわけではありませんので、やはり将来の収益性を判断する事業性評価が重要となります。

有利子負債対年商倍率※が低くても、償却前営業利益※率が高い場合には抜本的な金融支援を行うことがあります。あるいは、まずはDDS※を実行支援して利息負担を減らし、営業キャッシュフローを増やすようにすることがあります。大中規模旅館は、設備投資が遅れていることが多く、それが集客力に大きな影響を与えています。そこで、利息負担を減らしたり、過剰債務を減らすことにより早期に営業キャッシュフローを増やすように支援していると考えられます。

【図表16】再生支援対象旅館の債務状況・収益力・実施された金融支援（大中規模の旅館の例）

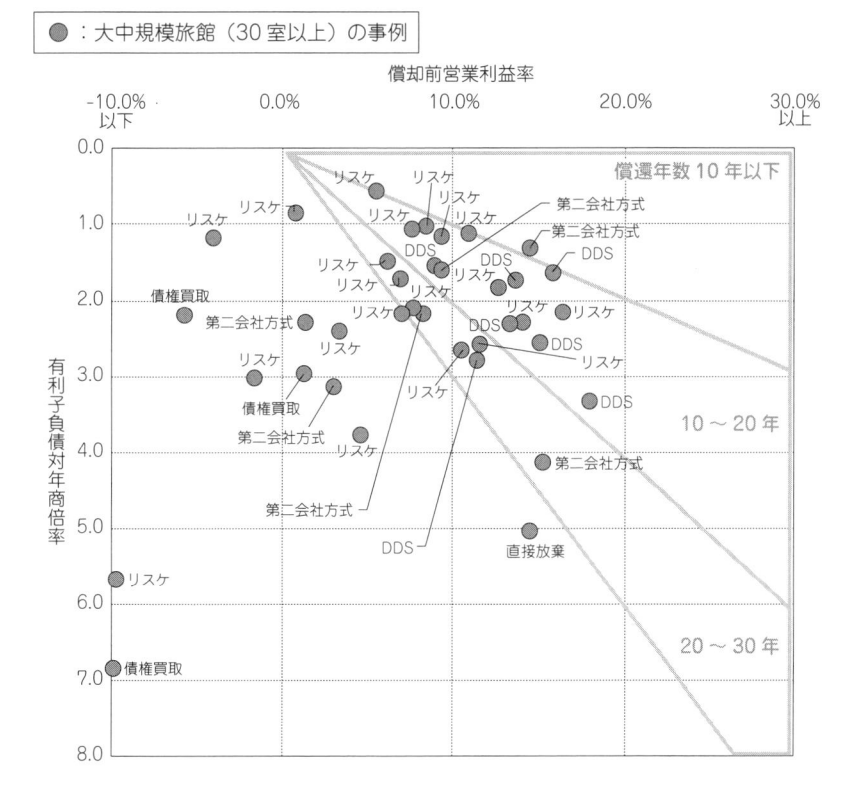

■債務状況と金融支援の傾向（小規模の旅館）

　図表17のとおり、小規模旅館は有利子負債対年商倍率※が2倍を超えると、債権カットなど抜本的な金融支援が必要になります。償却前営業利益※率が高い方が抜本的な金融支援を行う傾向にあります。

　しかしながら、大中規模旅館と比較すると、有利子負債対年商倍率※が4倍を超えても、あるいは償却前営業利益※率が高くても、リスケ※に留まる旅館が多いようです。ある意味機械的に、過剰債務であれば債権カット、償却前営業利益※率が高ければ将来性を見込んで債権カットなどの金融支援にはならないことを示しています。

　小規模旅館は、大中規模旅館に比べると家族経営が多く、その経営管理体制に不安がある旅館が多いことも一つの要因と考えられそうです。先に見たように、組織や経営管理が脆弱な傾向にあるからです。組織になっていないことから、ある施策を打ち出したとしても論理より感情が優先され、その実行度合いが低くなる可能性があります。また、経営管理体制が脆弱なので、売上を上げてもざるに水を入れるように利益が残らない可能性が高いのです。これらの要因から、どうしても将来の収益性が読みづらいと金融機関に判断されているようです。

【図表17】再生支援対象旅館の債務状況・収益力・実施された金融支援（小規模の旅館の例）

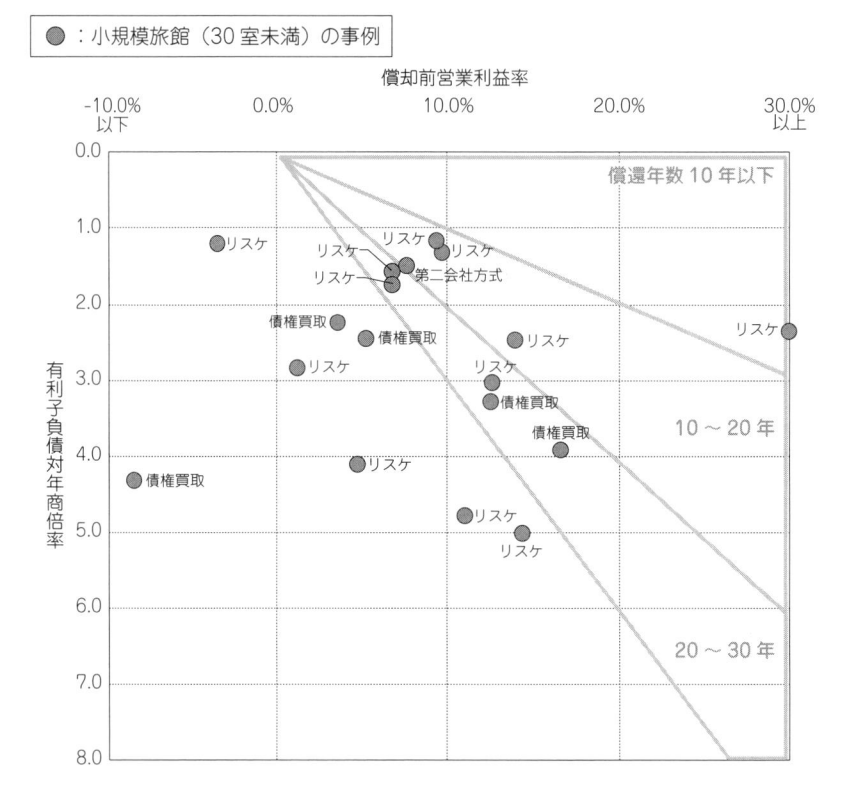

■債務状況と金融支援の傾向（ビジネスホテル）

図表18のとおり、ビジネスホテルは、有利子負債対年商倍率※が３倍を超えると債権カットなど抜本的な金融支援を行う傾向にあります。たとえ、償却前営業利益※率が高くてもリスケ※程度の金融支援で終始していることが多いようです。

前述したとおり、ビジネスホテルの売上は、立地とハードによって決まると言っても過言ではありません。これは、逆を言うと、立地とハードにおいて競合より優位性があれば、一定以上の売上を見込むことが出来ることを示しています。大規模な災害や事故が発生しない限り、見込んだ売上を確保することが容易であると言えます。また、ビジネスホテルにおいて重要な経営管理がしっかりしていれば、償却前営業利益※率も高くなりますし、売上が見込める以上営業キャッシュフローが見込めます。有利子負債対年商倍率※が３倍あっても、超長期の返済期間を設定すれば必ず返済できることが見込めることを示しています。このようなことから有利子負債対年商倍率※が高くても、比較的抜本的な金融支援に踏み込むことが少ないと言えそうです。

【図表18】再生支援対象ホテルの債務状況・収益力・実施された金融支援（ビジネスホテルの例）

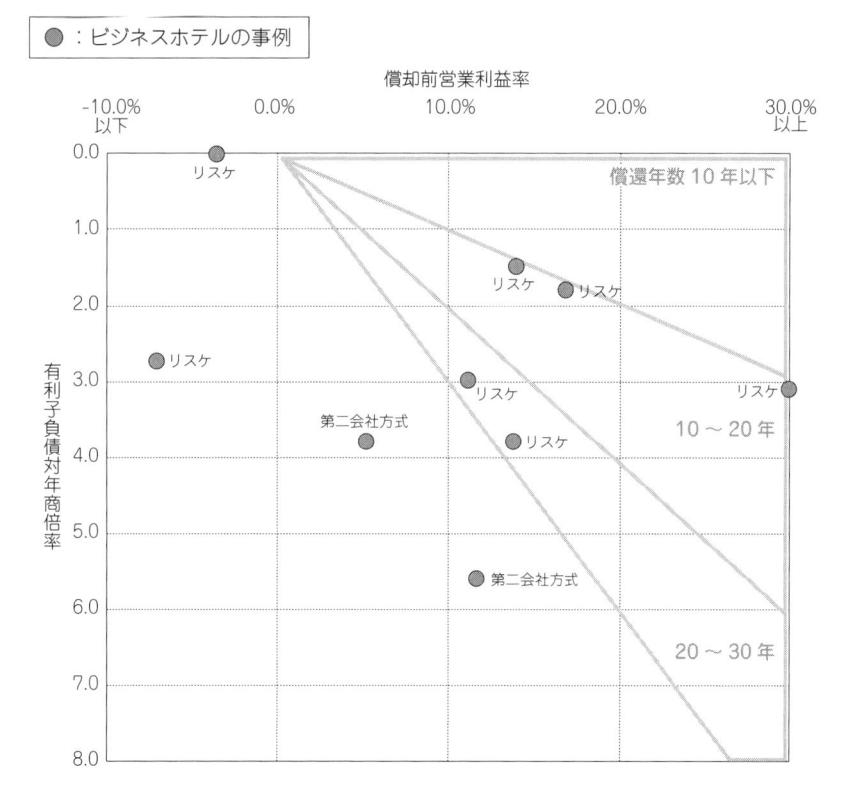

■債務状況と金融支援の傾向（シティホテル・リゾートホテル）

　図表19のとおり、シティホテル・リゾートホテルは有利子負債対年商倍率※が2倍以上になると債権カットなど抜本的な金融支援が必要となります。有利子負債対年商倍率※が2倍程度あるものの償却前営業利益※率が比較的高い場合でもリスケ※で対応している案件も多い傾向にあります。

　シティホテル・リゾートホテルは計画的な設備投資が必要であり、これまで出来なかった設備投資を行わないと収益改善が難しいことが多いです。ホテルの基本機能を維持するための設備投資もしなければなりませんし、顧客の嗜好に合わせた施設への改修も必要となります。シティホテル・リゾートホテルは、ハード面の改善だけでは収益の継続的な増加にはつながりません。なぜなら、ハードを活用してどのようなサービスを提供して、如何にして営業して売るか、このソフト面の要素も大きいためです。つまり、コンセプトに基づいたマーケティング戦略とオペレーション・施設の考え方に一本の軸があるかどうかが収益増加に必要であることは先述したとおりです。

　ハード面及びソフト面ともに現在の強みから将来を見据えることが出来ないと、過剰債務の状況において更に借入を増やして設備投資に踏み込むことが困難となります。こ

の見極めが非常に難しいので、償却前営業利益※率が高くとも過剰債務を削減する金融支援に踏み込むのがためらわれるのです。

【図表 19】 再生支援対象ホテルの債務状況・収益力・実施された金融支援（シティ・リゾートホテルの例）

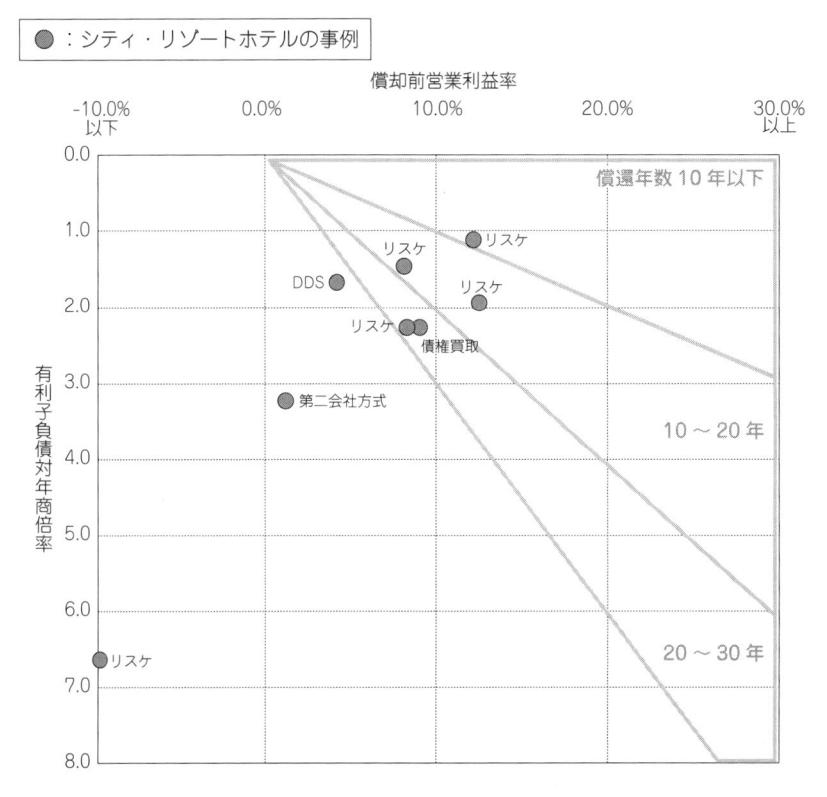

2) 将来性を加味する目利き

1) では、弊社が実際に再生支援に関わったホテル旅館を例に、事業再生前の債務・収益力がどのような状況の時に、どのような金融支援が実施されたかを見てきました。その結果わかったのは、ある程度関連性は見られるものの、それだけでは説明がつかない事例が多々あるということです。つまり、金融機関は単純に債務状況と収益力という過去の経営活動の結果数値をもとに検証しているのではなく、将来性も加味したうえで、どのような金融支援を行うかを判断しようとしていることがうかがえます。

では、金融機関の中に、ホテル旅館の将来性を加味した判断をするための明文化されたノウハウが存在するのでしょうか？そのようなノウハウは明文化されておらず、担当者の感覚的で主観的な判断に頼っているのが実情ではないでしょうか。

本書ではそのノウハウを明文化していきます。ホテル旅館の将来性を加味した判断をする方法は、第1章の3の1）で説明した「プロセス指標」による評価の結果を踏まえ

ることです。

　前述したとおり、「プロセス指標」の評価項目は、定性的な経営活動のレベルを見ることによってホテル旅館の将来性を見極めます。具体的には、「プロセス指標」の評価項目を構成する６つの大分類「経営者」「組織」「経営管理」「マーケティング」「オペレーション」「施設」において、それぞれどのように強みを見出せば将来の業績向上につながるのかを明らかにしていきます。

■「経営者」に強みがある場合

　業種を問わず、中小企業の業績は概ね経営者次第で大きく変わります。ホテル旅館は装置産業であるため大規模な設備投資が必要となります。その多くは借入によってまかなわれます。この非常に大きな経営判断は、経営者が行うことになります。現在、過剰な債務に苦しんでいるホテル旅館の多くは、この際の経営判断を間違ってしまったのです。

　上記のような失敗をした経験のある経営者でも、改善への強い意欲があったり、スタッフと密なコミュニケーションを取りながら巻き込み、改善策を着実に実行に移していける経営者であれば、業績改善の見込みがあります。

　まず、改善意欲のある経営者は、現状を客観的に把握しようとします。外部の意見も積極的に取り入れようとします。自身の過去の失敗を失敗として受け止めることが出来るのです。この点が、業績改善につながる非常に重要なポイントです。どんなに厳しい会社でも、自身の失敗を受け止められる経営者がいれば必ず業績改善できると言っても過言ではありません。

　現状を的確に認識できると、今後会社が目指すべきあるべき姿や目標も具体的に見えてきます。そうすると、自身は何をすべきか、具体的なアクションプランも腹に落ちやすく、日々一歩ずつ進んでいけるのです。日々一歩ずつ進むことで、１年間経過するとどれほど進歩するでしょうか。容易に想像できるはずです。

　１年経過したときに業績改善が目に見えると、さらに弾みがかかります。その後は、経営者が自ら課題を設定して、さらなる高みを目指して課題解決に取り組むのです。

■「組織」に強みがある場合

　ホテル旅館は、規模の違いはありますが多くのスタッフで運営されます。経営者一人が頑張っても限界があります。そのため、経営者と幹部がコミュニケーションをどれほど密に取っているか、定期的な会議体がどの程度機能しているか、部門長のマネジメント能力がどれほどあるのか、リーダークラスで主体的に動けるスタッフがいるのかどうかなど、組織面が業績に与える影響は非常に大きいものがあります。

経営者は大きな方針を出し、スタッフがそれを理解して実行に移す。スタッフが現場でつかんだ顧客のニーズや嗜好の変化を経営者に伝える。経営者はそれを戦略策定に活かして、また方針をスタッフに伝える。この経営者と現場の往復運動がうまく出来ている企業は、業績が改善します。何故なら、環境の変化をいち早く察知して、その変化に対応できるからです。

弊社が組織において特に重要視しているのは、「部門長のマネジメント能力」と「リーダークラスに主体的に動けるスタッフがいるかどうか」です。組織の結節点になる部門長にマネジメント能力が十分にあれば、少々至らない戦略であっても、部門長が部下に指示する際にかみ砕いた言葉でよりよい方法で伝えようとします。現場の感覚や顧客のニーズ変化に対応しようと修正がかかるのです。そして、顧客満足度をさらに高めるサービスの提供が可能となるのです。

現場で先頭に立って動くのは、リーダークラスとなります。彼らが、部門長が現場向けに修正して伝えた戦略にもとづき、具体的な指示を受けて動くことで、実際のサービスが改善されます。そのためにも、実行部隊としてリーダークラスが先頭に立ってサービスを提供できることが重要なのです。この部門長とリーダークラスのスタッフが良い人材であれば、改善が日々実行されるため、業績改善は可能なのです。

■「経営管理」に強みがある場合

経営管理とは、経営目標を達成するために組織を効率的・効果的に運営する取組全般のことで、入り（収益）と出（費用）を明確かつ迅速に把握して、速やかに改善策を打ち出す仕組みのことを言います。

会計には、財務諸表を作成し利害関係者に情報を提供するための財務会計と、社内で数値データを収集・分析して現状把握や経営判断に役立てる管理会計があります。経営管理は管理会計に重きを置きます。経営は、究極的には計画通りの利益を出すことに尽きます。そのために現状をいち早く把握して、計画とズレが生じたならばどこに問題があるのか、どうすれば問題が解決できるのか、PDCA※サイクルを回すことになります。

経営管理がしっかりしているホテル旅館は、PDCA※サイクルが的確に回っているため、たとえ外部環境が大きく変化したとしても利益減少のリスクを最小限に抑えることが出来ます。ホテル旅館は、震災や風雪被害など自然災害が収益に与える影響がとても大きいです。大雪で交通機関が麻痺したり、報道で被害状況が広く周知されたりすると、すぐに予約キャンセルにつながります。特に団体旅行はキャンセルになりやすく、その分大きな売上減少につながりやすいのです。経営管理がしっかりしていると、どれほどの予約がキャンセルになるかおおよその予想がつきます。予想がつけば、その売上減少に対する対策を講じることができます。例えば人員配置を換えて、パート社員やアルバ

イト社員の出勤時間を調整することができます。稼働させる客室を限定することにより、水道光熱費を少しでも節約することもできます。

　もう一つの側面として、部門長育成の効果があります。経営管理が適正に機能しているホテル旅館は、部門別会計も的確に行われています。部門長は毎月自部門のPLを把握していますので、目標売上との乖離状況はもちろんのこと、原価や人件費、主要費目について予実差異分析を行います。特に、売上と原価、人件費の管理が部門長に求められます。多くのホテル旅館の部門長は、やるべきオペレーションをきちんと実行することに終始しがちですが、経営管理が徹底されていると経営感覚が身につくのです。部門長としてマネジメント能力の向上を図る機会があることによって、自然とスキルアップにつながります。また、経営者と同じ言葉で同じ目線を持って運営しますので、経営者の意思や意図を現場に反映させやすくなります。自部門を一つの会社と見立てて経営することに近い経験を積むことができます。その結果として、部門長のマネジメント能力の育成につながるのです。

■「マーケティング」に強みがある場合

　ホテル旅館のコンセプトが明確であると、顧客への訴求力が高まり、競合ホテル旅館との差別化が図られやすくなります。旅館であれば、客室と料理、温泉、おもてなしが主な提供価値となります。例えば、客室は露天風呂付き客室で、12畳プラスベッドもある。料理は、地の食材をふんだんに使用した和製ガストロノミーをイメージしたもの。温泉は、加温加水しない数少ない本来の掛け流し。女将と仲居が心を込めて提供するおもてなし。このような旅館があったとして、これはこれで高単価な小規模旅館のイメージになり、それなりに寛げそうです。提供するサービスとしてはこれで良いのですが、顧客から見て分かりやすい旗印となるコンセプトが設定されていると、さらに価値が高まるということです。

　この旅館のコンセプトの設定例は次のようなものです。この旅館のメインターゲットを、40代の子供の居ない、それぞれが独立して仕事をばりばりしている夫婦であるとしましょう。年収はそれぞれが稼いでいますので、世帯収入として２千万はくだらないでしょう。このような夫婦が、忙しい毎日の中でホッと出来る休日に利用する旅館です。客室、料理、温泉、おもてなし、すべてホンモノを求めています。仕事に妥協を許さないのと同じで、休日もしっかり休む。このような夫婦に対して、「○○地方のホンモノの休息を提供する宿」というコンセプトを設定したとします。この「ホンモノ」という一本の軸に客室や料理、温泉、おもてなしが紐付くことで、よりターゲットに刺さりやすい旅館になるのです。そうすることにより、このようなターゲットに対しての訴求力が高まり、他の旅館に浮気しない魅力を提供し続けることが出来るのです。

コンセプトがしっかりしていると、売り物と売り方も明確になります。ターゲットのニーズに沿った売り物と売り方が明確であれば、必ず売上につながります。他の競合に取られることなく、自社が提供する商品を買い続けてもらえるからです。口コミがネットを中心に広がり、自然と新規顧客も増えていきます。そうして売上が増えていくのです。

■「オペレーション」に強みがある場合

オペレーションは、ホテル旅館が提供するサービスそのものを表しています。料理とサービスが主となります。顧客はこれらの体験を通して、品質と価格のバランスを判断します。事前期待よりも高ければ顧客満足につながります。顧客満足が高ければ口コミなどで他者へお勧めされますし、顧客自身が再度利用しようとするロイヤルティに発展します。

料理は、その土地の食材を使用し、季節感があることが基本です。しっかりとした調理技術に基づく味の良さが前提条件です。すべての料理をそうしてしまうと手間がかかりすぎたり、原価がかかりすぎたりします。料理のクオリティをどの程度追求すべきかは、提供価格を踏まえて検討します。客単価2,500円前後の居酒屋料理と客単価8,000円の会席料理を同じ土俵で比較しても意味がありません。1泊2食の旅館ですと、平均客単価が10,000円未満、10,000円以上15,000円未満、15,000円以上20,000円未満、20,000円以上の区分で分けて比較すると良いと思います。料理だけですと、3,000円未満、3,000円以上5,000円未満、5,000円以上7,000円未満、7,000円以上10,000円未満、10,000以上の区分に分けて比較すると良いです。同価格帯の料理を比較して、評価対象のホテル旅館の料理が土地のものと旬のものをどれほど取り入れているのかを見るのです。そうすることで料理の強みを見出すことが出来ます。

サービスは、仲居さんやサービススタッフの目配り、気配り、心配りが出来ているかどうかが重要です。形式張ったサービスにはあまり価値はなく、顧客ファーストのサービスを提供できているかに尽きます。このおもてなしが仲居さんやサービススタッフによってさほど差が無いことも重要です。このようなサービスが出来ているホテル旅館は、一朝一夕に他の競合ホテル旅館は真似できないため、非常に重要な差別化の源泉となります。

このようなサービスを提供できるホテル旅館には、継続して良質なサービスを提供し続ける仕組みがあります。

まず、良い人材を採用する仕組みです。ホテル旅館は厳しい労働環境であることが若年層に周知されているため、良い人材が集まりにくい状況が続いています。有効求人倍率も非常に高い業種です。ある旅館では、地元での合同企業説明会に参加する際に、女

将が、入社２年目のスタッフを連れて行きます。学生からすると、一番身近な存在の先輩です。その先輩の率直な話を聞くことで、働くイメージが具体的にわきます。良いこともつらいことも伝えます。先輩の話を聞いて入社するスタッフは、その先輩を頼って仕事をすることも出来ますし、入社して仕事をしたときに事前のイメージとギャップもありませんので、長続きするのです。また、先輩にとっても後輩はかわいいものです。お互いに励まし合いながら頑張れるのです。

　次に、育成する仕組みです。サービスマニュアルやサービスチェックリストなど、標準化され明文化されたサービススタンダードがあると良いです。最近は、ビデオやYouTube など、いつでもサービスする映像が見られる、教育しやすいツールの活用も多いようです。しかし、さらに重要なのは、サービスを担当する支配人やマネージャー、女将や仲居頭が、常にサービスの現場にたち、スタッフをよく見ることです。準備から接遇、お見送りまで一連の流れにおいてスタッフが目配り、気配り、心配りのあるサービスを提供しているかをチェックすることです。適宜気づいたことをすぐにフィードバックして指導教育することが重要です。スタッフは、さらにこうした方がもっとお客様が喜ぶよ、というやり方を教えてもらうと、自分の成長につながりますし、やる気も出ます。自分が成長することでもっとお客様に喜んでもらえる。そして、お客様からありがとうと言われる。このような経験をすると、さらに成長したいと考えるものです。

　上記のような仕組みがあると、サービスの質が恒常的に上がっていくのです。

■「施設」に強みがある場合

　館内の居心地の良さは、見た目だけではなく、計画的に基本機能を維持するための修繕と更新が出来ているからこそ得られるものです。これがホテル旅館としての一番の基本機能です。ロビーに入った瞬間に感じるすがすがしさや快適さ、館内を歩いた時に感じるよどみがない気持ちの良い空気、客室の清潔な水回り、快適なお湯の出、など旅先で寛ぐために最低限必要なラインをクリアすることがまずは重要です。

　借入が過多になりがちで資金繰りも厳しいホテル旅館が多いので、収益をすぐに生まないこのような設備投資はどうしても後回しにしてしまいがちです。見た目の華やかさや、時流にのっとったしつらえよりも、これら基本機能がしっかり発揮されているホテル旅館は、少々古くさい意匠であっても、美しく年を重ねた女性のように味わいが出てくるものなのです。

　この基本機能が維持されていることが大前提であり、その上で、現代の顧客のニーズに合った客室、ロビー周り、大浴場やアメニティがあると、これらが引き立つのです。

　マーケティングの項で述べたコンセプトが施設の見た目で表現されていると、さらに顧客満足は上がります。サービス面だけではなく、見た目も一貫性が出てくるため、顧

客からすると非常に分かりやすいからです。ソフト面は顧客の捉え方によって温度差が生じますが、ハード面は見た目なのであまり感じ方に違いが出にくいものです。そのため、コンセプトに紐付いた施設の内外装で統一感があると、顧客からの評価はぐっと上がるのです。

3) 返済能力に乏しい取引先の長期的な支援ストーリー

　財務指標が不健全で返済能力に乏しいと評価されるホテル旅館に対しては、追加融資は実現しにくいものです。しかし、財務指標は過去の経営活動の結果数値です。財務指標が不健全であっても、事業性評価に基づき将来性を見込まれて融資を受け、長期的に適切な支援を受けたホテル旅館が、後に見事に再生した事例もあります。以下、弊社が実際に再生支援に関わったホテルの事例を紹介します。

＜事　例＞

　風光明媚な海岸線沿いの高台に立つ、約100室のリゾートホテルで、目の前に海原が広がる眺望だけでなく、歴史的な観光資源にも恵まれています。そのためエージェント※も、これらを組み合わせた募集ツアーを組むことによって送客につなげています。

　海に近いので、地元の漁港でとれる新鮮な魚介類が売りです。刺身は当然ですが、魚介をふんだんに使用した郷土料理も有名です。また、魚介だけではなくブランド牛も肥育されていますので、食べ物に関しては困らないぐらい食材の宝庫となっています。

　このホテルの料理は顧客からの評判が高く、周囲の競合ホテルと比較しても優位性があります。決して高単価ではなく、1泊2食のプランの販売価格はツインユースで16,000円程度です。その料理は価格以上の価値があると評価されているようです。サービスはホテルとしてはくだけた印象を与えますが、素朴なおもてなしが感じられる温かいサービスです。

　一方、施設面では競合と比較してかなり劣っています。施設の老朽化が進んでおり、決して現代的な造りとは言えません。客室の水回りも老朽化しており、修繕の跡がたくさんあるような状況です。そのため、清掃はしっかり行っているのですが顧客からは清潔感がないという評価です。FF&E※も傷みが進んでいます。海岸沿いのため、塩害によりバルコニーなどは錆が多くついており、給排水管も傷みが見られます。

　売上は、10年前に比べると30%もダウンしています。施設の老朽化も相まって、個人客の取り込みが遅れたためです。100室規模ですので、どうしても個人だけでは客室を埋めることが出来ません。そのため、リアルエージェント※からの団体客の送客に頼ってきました。料理やサービスはもちろんのことですが、雄大な眺めを一望できる立地も魅力的で団体客にも喜ばれていました。営業部には2名の営業担当者がいましたが、長年にわたり変わらない営業姿勢を引き継いできており、リアルエージェント※や総合

案内所※の担当者との顔つなぎと価格勝負の営業に終始していました。そのため、受注はめっきり安価な団体旅行ばかりになってしまいました。せっかく周辺に観光資源がたくさんあるのに、それらと組み合わせた旅行日程の提案などをしてこなかったため、特にリアルエージェント※の若手担当者からは敬遠されていたのです。団体客の受注数自体も減少してしまい、その結果、売上を10年間で30％も落としてしまったのです。団体客の落ち込みを個人客でカバーすれば良かったのですが、OTA※への対応の遅れや施設の老朽化から、積極的な対応が出来なかったのです。

　スタッフ数の自然減から人件費の削減を図ってきましたが、売上の減少には追いついていません。人員削減が行き過ぎて、100室規模のリゾートホテルの運営に最低限必要な人員配置ができない状況に至っているので、売上の減少も加速しているのです。このリゾートホテルの規模を維持していくための売上が確保できない状況です。償却前営業利益※率も3％まで落ち込んでいます。有利子負債も折り返し融資を繰り返しているため、一向に減っていません。ほぼ年商と同じ規模の有利子負債が残っています。

　経営者は3代目で40代とまだ若いです。海に近い場所で育ったことがすぐに分かる、日に焼けた肌、がっしりとした体格の経営者でした。先代の社長から数年前に経営を引き継いだものの売上の減少を食い止めることが出来ず、自身の至らなさを嘆いていました。今、腹をくくって経営改善に取り組まないと、このホテルはだめになってしまう、という強い決意と危機感がありました。

　そこで、中小企業再生支援協議会※の支援の元、経営改善計画の策定に入りました。専門家として弊社がアサインされました。事業デューデリジェンス※で見えてきたのは、リゾートホテルのコンセプトの曖昧さと経営戦略の無さでした。スタッフは経営者と一体になって頑張っていこうという気持ちに満ちており、ホスピタリティのある人が多いことも分かりました。

　経営者の覚悟があり、その経営者についていこうとするスタッフがいる。このホテルに足りないのは、経営者がスタッフに示す大きな方針でした。そこで、経営者とともにホテルコンセプトを見直して明確にしました。また、遅れている設備投資を行い、リゾートホテルとしての魅力を上げていくことにしました。資金に余裕はないのですが、アンケート結果を見ても客室の水回りの評価が著しく低く、これが顧客満足度を低下させている主な要因であることが分かっていますので、設備投資は不可欠でした。客室の水回りを中心とした改修工事と、眼前に広がる眺望を独り占めできるリゾートホテルらしいロビーの改装を行うことにしました。

　この設備投資に1億円かかります。金融機関にリスケ※を依頼するとともに、ニューマネーの拠出を依頼しました。最初は抵抗感を示した金融機関でしたが、経営者の覚悟が伝わり、また実現可能性の高い経営改善計画が評価されたのです。設備投資の効果に

ついても粘り強く説明しました。

　客室を改装したことから、リゾートホテルとして最低限必要な機能を回復しました。また、それまでFF&E※がおざなりに置かれて雑多な印象のあったロビーが、入り口を入った瞬間に海が視界に飛び込んでくる爽やかな雰囲気のロビーへと変わりました。顧客がホテルに来るまでに抱いていた事前期待を裏切ることなく、これから過ごすリゾートホテルへの期待がさらに高まるきっかけを与えられるロビーになりました。料理やサービスは元々良かったので、ロビーに入ってから出ていくまでの顧客の体験が事前期待を上回ることになり、顧客満足度が大変上がりました。口コミの評価も上がったことから新規顧客の開拓もスムーズになりました。

　一番の課題であった売上の増加につながったことから、償却前営業利益※率も10%まで回復したのです。

2 融資につなげるための経営支援の方針策定と具体策

1）「経営者」の視点における具体的な支援策

　経営者の意識をいかに変えるかが、業績改善にとって非常に重要なポイントとなります。ホテル旅館の経営者は高齢者も多く、また地元では名士と言われる方々も数多くいらっしゃいます。そのような経営者の意識を変えるのは、非常に難しいことです。

　本書では、図表20の通り経営者を「経験と勘に頼った経営を行っているか、それとも論理を重視し科学的な見地から経営をしているか」と「経営改善に前向きか、消極的か」の２軸で４つのタイプに分け、それぞれ「どのように意識を変えれば良いか」について解説することにします。

【図表 20】ホテル旅館の経営者のタイプ分類

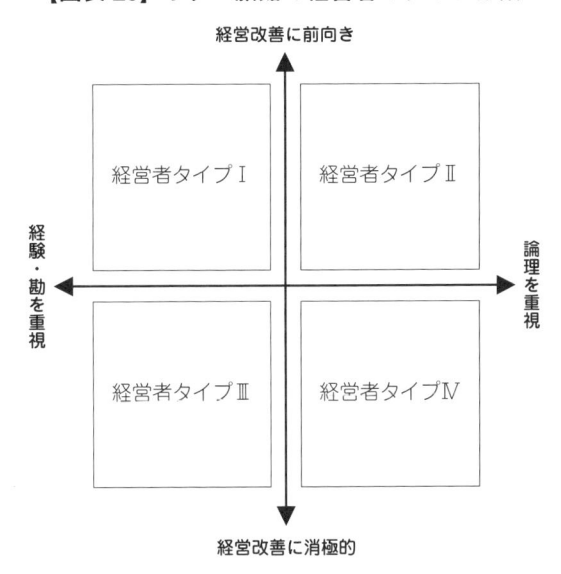

■経営者タイプⅠ―経験と勘を重視し、経営改善に前向きな経営者

　「経営改善に取り組んでいきたいのに、具体的に何をすれば良いのかがよく分からない」という経営者は少なくありません。常に経験と勘を経営判断の基準にしてきたため、今まで経験したことがない状況に直面すると、何をすれば良いのか分からなくなってしまうのです。例えば、「どこかで聞いた成功事例を自身のホテル旅館にそのまま当てはめようとして失敗する」「あれこれ手を出してみるものの、結局うまくいかない」「気ばかり焦ってしまい、何か改善策を実行していないと落ち着かない」といったジレンマに陥るのが、このタイプの特徴です。

このタイプの経営者には、いったい何がかけているのでしょうか。それは現状認識です。自身のホテル旅館が置かれている状況や強み、弱みなどの経営資源について、感覚的に分かっているだけで、事実や数値等によってきちんと理解していないのです。現状を的確に認識することなく、やみくもに理想に近づこうとしても、ほとんどの場合、的外れになってしまうのです。そもそも改善策は、あるべき姿と現状のギャップを解消するための取り組みなので、その両方が明確になっていなければ曖昧な改善策しかできないのは当然なのです。

　そうした失敗を避けるためには、事業性評価シートを活用した客観的な現状分析を行うことが必要不可欠です。第1章の4「事業性評価の進め方」で解説したように、「事業性評価票」の全ての評価項目に評点をつけて評価分野別の評価結果を確認します。具体的には、評価項目ごとに「3点＝強い分野」「2点＝普通の分野」「1点＝弱い分野」の評点を付け、「事業性評価結果」の様式で評点を集計し、さらにその結果をレーダーチャートに落とし込むことによって、自身のホテル旅館の強みと弱みを客観的に把握するのです。

　誰でも自分の会社の弱みを直視するのは嫌なものです。場合によっては、自身が過去に行った経営判断が誤りだったことを率直に認めなければならないこともあります。しかし、このタイプの経営者は経営改善に前向きなので、必ずやこの壁を乗り越えるはずです。

　現状を的確に認識することができれば、おのずから収益改善に向けて何をなすべきかが見えてきます。まずやるべきことは、弱みの原因がどこにあるかを探ることです。具体的には、WHY ツリーなどのロジックツリーを活用することによって、本当の原因を明確にします。

　図表21は、事業性評価の結果、リアルエージェント※への依存が高く、収益を圧迫しているという弱みが明らかになったときの原因を探る WHY ツリーです。このように WHY ツリーを作ることによって、初めて本当の原因が分かるのです。経験と勘頼りでは経営者の思考の枠組みから離れることができないので、いつまでたっても本当の原因は見えてこないのです。

【図表21】弱みの原因を探る WHY ツリーの例

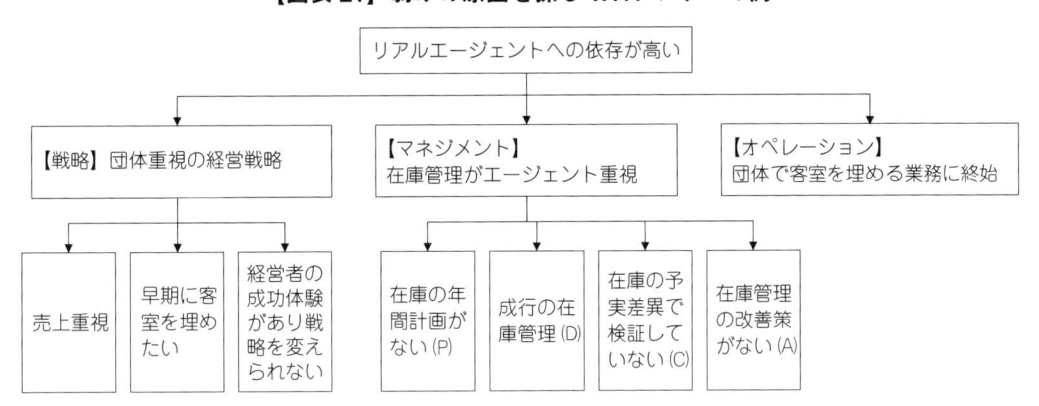

　例えば、WHY ツリーで整理した結果、リアルエージェント※への依存が高い原因が、成行の在庫管理にあることが分かったとします。本来であればOTA※で売れる時期なのに、すべてリアルエージェント※で販売してきたことがわかったのです。この場合、過去の実績を踏まえた上で、月別日別に販売チャネル別の提供客室数の計画を策定するといった解決策が考えられます。

　このようにして、的確な現状分析を踏まえた改善策を論理的に説明し経営者の納得を得ながら進めることが、タイプⅠの経営者の意識を変えることにつながるのです。

■経営者タイプⅡ─論理を重視し、経営改善に前向きな経営者

　物事を客観的に捉え、論理的に考える力を持った経営者です。業界のこともよく理解しており、自身のホテル旅館が置かれている状況も把握しています。現状、明確な経営戦略までは描けなくても、ある程度の構想は頭の中にあります。例えば、大型旅館において客室をすべてOTA※経由で埋めるのは難しいと考えている経営者がいるとします。リアルエージェント※へのアロットメント※が全客室数をオーバーすることはよくあるのですが、タイプⅡの経営者はリアルエージェント※と協議のうえアロットメント※を減らすことを決断します。

　その上で、オンシーズン※とショルダーシーズン※、オフシーズン※に分けて、リアルエージェント※とOTA※の比率を数値で決め、その数値をもとに予約と営業に指示を出します。オンシーズン※であれば、アロットメント※ぎりぎりの30室をリアルエージェント※経由で埋めて、残り70室をOTA※と直予約客で埋めることにするわけです。このような指示を明確に数値で示し、それをスタッフにきちんと指示を出すことができる経営者で、いわゆる割り切りが良い思考法を持っているタイプと言えます。

　また、このタイプの経営者は、仕組みを作ることが得意です。特に計数管理は得意で、1年を通して翌月上旬には売上に関する予実管理表や販売チャネル別売上、客室稼働率

など売上指標が集計され幹部会議で共有されます。また、翌月中旬までには試算表も作成されるので、PL の予実管理表や BS、資金繰りなどの数値も当然に幹部会議で共有されます。

　一見すると経営戦略は明確ですし、経営管理体制も万全に見えます。しかし、このタイプの経営者はスタッフへの粘り強い働きかけや、現場の状況を経営戦略や仕組みに反映させるボトムアップの組織風土を生み出すことが往々にして苦手です。頭で理解する傾向が強く、現場を直視することをおろそかにしがちだからです。そうすると、どうしても経営者が捉えている状況と現場の状況に乖離が生じます。例えば、経営者が思っているよりも現場の負担感が重く、結果的にスタッフのモチベーションが低くなってしまうといったケースも少なくありません。指示内容は間違っていないのですが、実行の度合いが低いというのも、このタイプの特徴です。

　したがって、このタイプの経営者には、スタッフの現状、モチベーションや仕事への意欲、不安、会社の方針などについて、頭ではなく現場を見ることによって知ってもらう必要があります。そのツールとして有効なのが、従業員アンケートです。参考までに、弊社で作成した独自のアンケート表を掲載しますので、何らかの形で活用いただければ幸いです（図表22）。なお、アンケートはできるだけシンプルな方がスタッフの負担は少なく、回答数も増える傾向にあることをご承知置きください。

　具体的なアンケートの実施方法ですが、アンケートの回答は無記名とし、提出先は経営者や社内の総務部門などではなく社外のアンケート実施者とします。経営者がアンケートを見るとなると、どうしてもスタッフは本音を出さなくなります。経営者のバイアスを無くすことによって、できるだけ率直な意見を収集しようというわけです。中には辛辣な意見も出てくると思いますが、そうした意見も含めて、経営者自らが結果を受け入れることが大切です。

　こうしたアンケート調査によって、経営者の理解と組織の現状にギャップがあることをきちんと認識してもらえれば、改善の取り組みに弾みがつきます。改善策についても、現場の状況を踏まえスタッフが納得する内容にするだろうし、経営者自らスタッフの気持ちや視点に立って施策の浸透を図ろうとすると思います。つまり、これまでとは違い「この施策をスタッフに実行してもらうためには、どのようにすれば良いのか、どのように伝えれば良いのか」といったことを、経営者自らが考えるように仕向けるのです。戦略や改善策自体は間違っていないわけですから、「如何にスタッフに気持ちよく実行してもらうか」といった点に注力すれば実行度合いは全く違ってくるのです。

　改善策の効果が目に見えて分かるようになると、経営者もスタッフも更にモチベーションが上がります。同時に経営者のスタッフに対する信頼感も上がるし、スタッフの経営者に対する見方も変わってきます。スタッフが経営者に信頼されていると感じれば、

【図表22】アンケート表（例）

従業員アンケート

１．基本的事項　（あてはまるものを選んで○をつけてください）

部門区分	1．フロント予約　2．総務・経理　3．接客 4．調理　5．清掃　6．その他
給与区分	1．社員　2．パート　3．アルバイト
勤続年数	1．1年未満　　2．1〜3年　3．4〜10年　4．10年以上

２．職場・職務に関するアンケート　（設問毎に１〜５のうちひとつ選んで○をつけてください）

設問	1.よい （良くある）	2.まあまあ よい（ある）	3.どちらとも いえない	4.やや悪い （あまりない）	5.悪い （ない）
◆職場内のコミュニケーションについて					
1　職場内のチームワークは？	1	2	3	4	5
2　社内情報の風通しは？	1	2	3	4	5
3　他の部署との連携は？	1	2	3	4	5
4　上司との関係は？	1	2	3	4	5
5　職場内で問題が発生した場合の対応は？	1	2	3	4	5
6　時間外の従業員間の交流は？	1	2	3	4	5
◆仕事のやりがい・働きがいについて					
7　職務・業務の責任は明確か？	1	2	3	4	5
8　ずっと勤務し続けたい？	1	2	3	4	5
9　現場の業務改善をしたいという意欲は？	1	2	3	4	5
10　能力と仕事のバランスは？	1	2	3	4	5
11　権限と責任のバランスは？	1	2	3	4	5
◆会社の方針への理解について					
12　会社の方針の（自分自身での）理解はある？	1	2	3	4	5
13　経営トップのリーダーシップは？	1	2	3	4	5
14　会社の将来への期待感は？	1	2	3	4	5
15　方針決定のスピードは？	1	2	3	4	5
16　指示命令系統は明確？	1	2	3	4	5
17　経営者は従業員の意見を取り上げる？	1	2	3	4	5
◆人事考課・評価・待遇について					
18　人事考課制度は明確か？	1	2	3	4	5
19　人事考課制度の信頼感は？	1	2	3	4	5
20　将来の報酬への期待感は？	1	2	3	4	5
21　時間外労働・休日出勤などの労働環境はよいか？	1	2	3	4	5
22　有給休暇は取得しやすいか？	1	2	3	4	5
23　会社との一体感はあるか？	1	2	3	4	5
24　会社への満足度は？	1	2	3	4	5
25　従業員の定着率は？	1	2	3	4	5
◆人材育成について					
26　職場内の研修・訓練の実施は？	1	2	3	4	5
27　教育・訓練の内容は満足か？	1	2	3	4	5
28　あなたにチャレンジ精神は？	1	2	3	4	5
29　職場内に教育訓練は必要か？	1	2	3	4	5
◆その他					
30　不安に思うことは？ （複数回答可）	①本当に自分に合う仕事か不安 ②自分の年齢・体力について不安 ③人員削減やリストラ ④会社内の人間関係に不安 ⑤会社の給与等労働条件に不安 ⑥会社の将来が不安 ⑦その他（　　　　　　　　　　　　　）				
31　改善が必要だと思うことは？ （複数回答可）	①業務方法・手順の改善 ②設備等の近代化 ③作業における上司等の的確な指示 ④人の配置や増員等の見直し ⑤残業時間の改善 ⑥休暇を取りやすくする ⑦職場内でのコミュニケーション ⑧他部署とのコミュニケーション ⑨経営トップとのコミュニケーション ⑩その他（　　　　　　　　　　　　　）				
◆総合					
32　友人・家族などの知人に、当館の利用を勧めたいと思いますか	1	2	3	4	5
33　友人・家族などの知人に、今の職場で働くことを勧めますか	1	2	3	4	5
◆自由記入欄					
（会社に対するご意見、要望、業務改善提案など）					

ご協力ありがとうございました。このアンケート用紙を、クロスワンコンサルティング株式会社へご郵送ください。

経営者の考え方や方針に理解を示すようになり、必然的に現場で感じた顧客の嗜好変化に関する情報や改善策の提案などが経営者に上がってくるようになるのです。そして、そうした情報や提案を経営者が取り込み、新たな改善策を打ち出すといった好循環になっていくのです。

　このようにして、従業員アンケートによって現場の状況を理解してもらうことが、タイプⅡの経営者の意識を変える方策です。

■経営者タイプⅢ—経験と勘を重視し、経営改善に消極的な経営者

　過去の栄光にすがり「外部環境が変われば業績も良くなる」「根拠はないがまだどうにかなるだろう」と考えている経営者です。「団体旅行市場は縮小し続けているので、今までの営業を続けていても売上は縮小していくであろう」ことを頭では理解できても、経営判断としてOTA※の取り込みに注力するまでには至らないタイプの経営者です。

　もちろん団体旅行市場がまったくなくなるわけではないので、売上確保のために必要な営業先の1つであることは間違いありません。しかし、客観的な事実として市場は縮小しているわけですから、売上を維持するためには「営業量を増やす」「新規のリアルエージェント※を開拓する」といった営業力を強化する施策を打つ必要があります。問題は、その際、どういった手を打つかです。人件費が少々増えても、営業担当者を採用して営業量を増やそうとするならば、まだ理にかなっています。しかし、営業体制を変えずにそれまでの営業方法を踏襲することが多いものです。営業体制はそのままでも、営業活動そのものを見直して効率化を図り、結果的に営業量を増やす、リアルエージェント※への提案の精度を上げるなどの改善策があればよいのですが、そういった改善策も特段打ち出さないことが多いものです。

　このタイプの経営者は変化を嫌います。過去には良い時代もありましたので、その頃を思い出すことで今の惨状に対して溜飲を下げることに終始するのです。変化を嫌うため、現状維持になりがちです。そうして、風向きが変わるのをじっと待つ。今のままでも必ず業績が改善すると言った根拠のない自信があります。しかし、実態は売上がどんどん下がっていく一方です。数値で見れば明らかなのですが、改善策を取ろうとしない。このような状況が続いているのです。

　このタイプの経営者には、今のまま売上が下がっていくとどうなるのか、具体的な数値で示す事から始めます。必ず、時間軸を入れて数値の予測を見せるのです。今は利益が出ていたとしても、遅かれ早かれ必ず赤字になります。そして、そうなった場合、経営者はどうなるのかを伝えるのです。例えば、債務の返済が滞るようになってしまったら、金融機関にリスケジュール※のお願いをするにしても、経営者としての責任は取らなければなりません。更に悪化した場合は、連帯保証している経営者が法人に代わって

返済しなければなりません。最悪の状況にも陥る可能性があることを理解してもらいます。そして、それはそんなに猶予のある状況ではないことを理解してもらうのです。

このようなタイプの経営者は、自らがどうなるのかを非常に気にすることが多い傾向にあります。最悪の状況を理解してもらいながら、今ならまだ間に合うことを真摯に伝えるのです。そうして、経営改善の取り組みの決意を促すのです。

そうして初めて、経営者タイプＩの場合と同じように事業性評価シートを活用して現状を認識してもらいます。但し、このタイプの経営者は現状を客観的に受け取れないことが多いものです。何かしら言い訳をして、自身のホテル旅館の弱みを、弱みではないものとして捉えようとしがちです。その場合は、粘り強く、自信を持って現状を理解してもらうように働きかける必要があります。このまま行くと、会社がダメになる可能性がある。そうならないようにいま改善に取り組むのだ、という強い信念を持って経営者に働きかけるのです。我慢比べになることもあります。経営者に現状を納得してもらうことが、今後の改善につながるのです。

それを乗り越えると、あとは経営者タイプＩの場合と同様に、経営改善に取り組むべく改善策を打ち出していきます。その度ごとに、これは出来ない、このやり方では改善しないだろうといった言い訳が出てきますが、それらも粘り強く説得していくのです。多くの場面で、少し強めに経営者に働きかけて改善への取り組みが進むようサポートしていかなければなりません。

このようにして、最悪の状況を理解してもらいながら経営改善の取り組みを丁寧に粘り強く促すことが、タイプⅢの経営者の意識を変える方策です。

■経営者タイプⅣ—論理を重視し、経営改善に消極的な経営者

物事を客観的に捉えて、論理的に考える力があるのですが、頭でっかちの経営者です。業績が悪いのは外部環境やスタッフのせいであると考えるタイプです。自分の経営方針やスタッフへの指示は間違っていないが、あまりにも外部環境が悪い、あまりにもスタッフが経営者の言うことを理解していない、実行していない。このような思考を持っています。そのため、経営者自ら覚悟を持って改善に取り組む動機がそもそも弱いのです。

論理的に考えることは出来るのですが、どちらかというと独りよがりの思考で物事を捉えがちになります。客観的な事実から自身の仮説を立て、その仮説に基づき経営判断をします。しかし、状況を俯瞰して見ているわけではありませんので、非常に偏った判断になりがちです。特に、スタッフに対する関心が低いことが多いので、現場の苦労やスタッフのモチベーションなどには興味が不足しています。

このタイプの経営者の場合、いきなり経営者タイプⅡの場合のように従業員アンケートを取っても、経営者が余計に反発したり、全く無視したりしますので、その前段階の

働きかけが必要となります。

このタイプの経営者は、自身のホテル旅館の業績も人のせいにする傾向があります。そこで、業績の悪化は、外部環境のせいだけではないことを分かってもらいます。例えば、ホテル旅館が立地するエリアの観光入込数と自社の売上の推移を比較します。多くの場合、観光入込数の減少以上に自社の売上が下がっているものです。これは取りも直さず、当該エリアに来ているお客さまの数よりも自身のホテル旅館に泊まって頂いた顧客の数のほうが、大きく減っていることを意味しています。この要因はやはり自社の内部にあります。たとえ経営者が打ち出した営業方針が正しくても、売上動向が当該エリアの市場動向に劣っているのであれば、その営業方針が組織に浸透していないということになります。

売上低下の要因は外部環境だけでは無く、内部環境にもありそうだと理解してもらうことから始めます。論理的ではあるので、ここまでの理解が進んだら、内部環境の要因探しをしていくことになります。そこで、組織風土の悪さから顧客満足度が低下して口コミ評価が下がった事例などを話します。また、組織風土が悪いと経営者が伝えたいことが現場のスタッフまで浸透しないことも話します。この段階では組織風土という少し大きな枠組みで伝えるようにします。組織風土の善し悪しで業績も影響を受けることを理解してもらえば、経営者タイプIIで行ったように従業員アンケートを取ります。

経営者タイプIIとの違いは、いきなり従業員アンケートを取ってもすぐには経営者に響かない点です。そこで、どうして従業員アンケートを取る必要があるのか、この点を理解してもらうのです。思考がしっかりしているだけに、経営者が理屈で納得しないと改善策の実現にはつながらないのです。

従業員アンケートを取ったあとは、経営者タイプIIの場合と同様に進めます。但し、経営者が直視したくない現状もアンケート結果から分かることが多いです。経営改善に取り組む覚悟がある経営者であれば、この壁を乗り越えることが出来ますが、消極的な経営者はスタッフのせいにしがちです。スタッフの理解が浅い、勝手なことばかり言っているというような言い訳です。これらの言い訳に対しては、厳しいですが、これがスタッフの本音であること、経営者の方針や考え方がうまくスタッフに伝わらないのは経営者の責任であることを理解してもらいます。これらの働きかけを粘り強く続けながら、改善策を一緒に考えて打ち出していきます。

このようにして、業績悪化の要因は自社の内部や経営者自身にも少なからずあることを理解してもらいながら、現場の状況を理解してもらうことが、タイプIVの経営者の意識を変える方策です。

2)「組織」の視点における具体的な支援策

　ホテル旅館には多くの部門があり、それぞれの機能を持っています。また、経営者から現場スタッフまで縦のラインのコミュニケーションが機能していることが、良いサービスを提供できるホテル旅館の条件です。

　大上段に構えて組織改革を行うのは中小企業にとってコストがかかりますし、スタッフに過大な負担をかけることになります。頑張っていたリーダークラスのモチベーションを下げてしまうリスクもあります。従って、組織体制の見直しに着手するにあたっては、いま組織体制を変えることが更によい組織風土に変わっていくことにつながるのか、組織風土やスタッフのモチベーションや人間性などを客観的に見た上で判断する必要があります。

　ここでは、組織体制の見直しに際して参考になるよう、適正な組織体制の具体例と、組織体制を変えたあとに取り組むべきスタッフのモチベーションアップのコツを提示します。

■適正な組織体制の具体例

　組織の形態は、売上規模に見合ったものである必要があります。これは、組織における部門の機能や部門長の役割を見直すことと同義です。組織の形態は、提供するサービスと売上規模を踏まえて出来るだけシンプルにした方がうまくいくことが多いです。適正と考えられる組織体制の例を、ホテル旅館の業態別に見てみましょう。

Ⅰ）小規模の旅館（客室 30 室未満）

　小規模の旅館において適正と考えられる組織体制は、図表 23 の通りです。

【図表 23】 小規模の旅館の組織体制の例

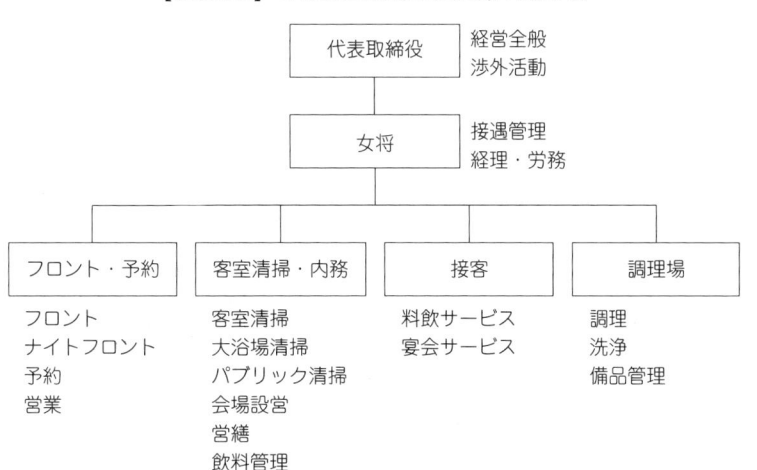

フロント、清掃、接客、調理場と、旅館における主要4業務に分かれた非常にシンプルな組織体制です。間接業務については、女将が担当することによって独立した部門を持たないケースが多く見られます。このようにできるだけ階層を減らすことによって、上下のコミュニケーションを取りやすくします。なお、女将の機能が接遇のみ、あるいは間接業務のみの場合は、女将の下に支配人を置くこともあります。

Ⅱ）大中規模の旅館（客室30室以上）

　大中規模の旅館において適正と考えられる組織体制は、図表24の通りです。

【図表24】 大中規模の旅館の組織体制の例

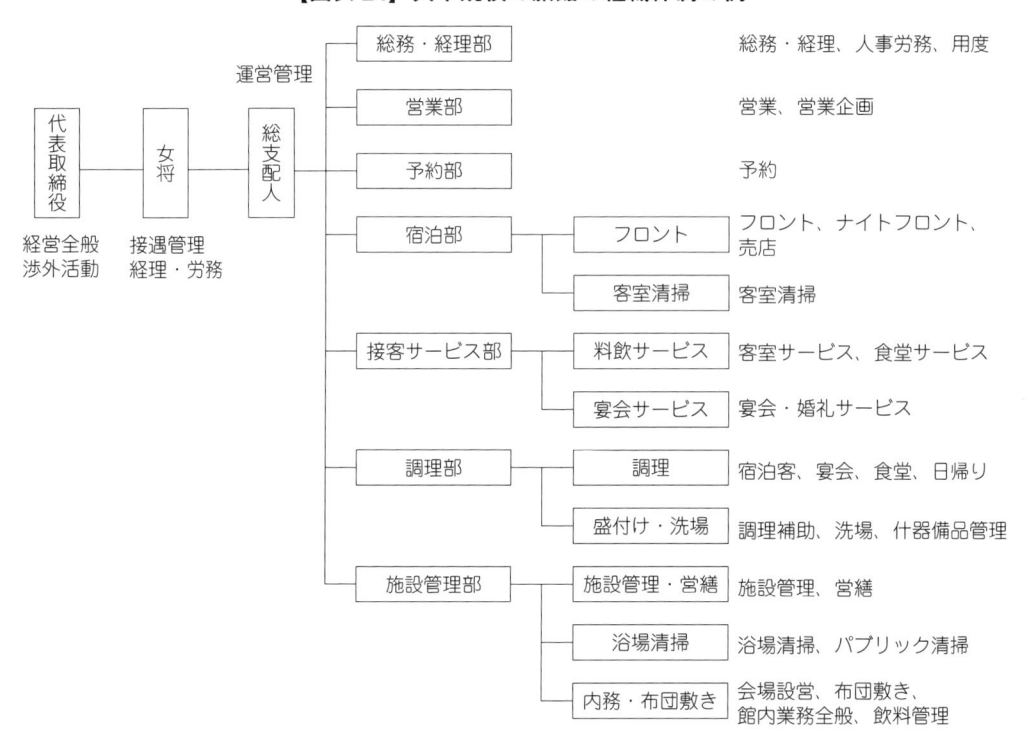

　売上規模が大きいため、部門はより専門化して分離します。小規模旅館の部門が果たすべき機能が分かれて、それぞれが一つの部門になるイメージです。

　なお、図表24には記載していませんが、取締役が無駄に女将と総支配人の間に入っていたり、各部門の管掌として取締役が並列で配置されたりしていると、縦と横のコミュニケーションがスムーズにいかなくなります。取締役の役割分担も明確にする必要があります。

　このように規模が大きい組織の場合、女将が運営全般を見ることは難しいです。女将の位置づけは接客サービス部を管掌する接遇の責任者となります。旅館の対外的な顔と

して機能し、接遇のすべてに責任を負うのです。接客サービス以外の全部門を管理するのは総支配人となります。

　調理部は総支配人の管轄から離れて独立し、経営者の直轄の部門になることもあります。この場合、経営者が適正に調理場を管理統制できれば良いのですが、任せっきりになると営業や接客サービス部などと協調が取れなくなり、提供サービス品質が低下してしまうことになります。

　規模の大きな旅館でも、営業は主要幹部が兼任し、部門として存在しない場合があります。経営者が打ち出した営業方針に従って計画的な営業訪問を行い、提案営業が出来ているのであれば、兼任でも問題ありません。しかしその多くは、現場の業務を回すことに終始してしまい、行き当たりばったりの営業活動になってしまいがちです。規模が大きい組織では、やはり数名の営業担当の専任者が必要です。

Ⅲ）ビジネスホテル

　ビジネスホテルにおいて適正と考えられる組織体制は、図表 25 の通りです。

【図表 25】 ビジネスホテルの組織体制の例

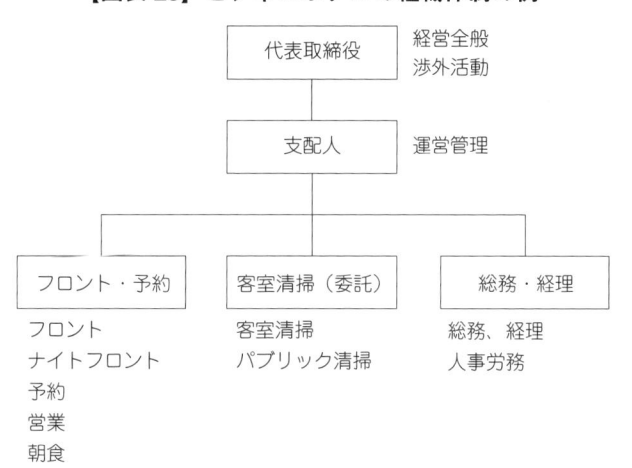

　ビジネスホテルは機能がシンプルなので、おのずと組織体制もシンプルになります。ビジネスホテルの場合は規模が大きくなっても基本機能はほとんど変わりません。間接部門を除けば、本来持つべき機能はフロント・予約だけです。朝食を提供するホテルでも、朝食担当をフロントスタッフが兼任しているケースがほとんどです。

　客室清掃は内製化しているホテルもあれば外部委託しているホテルもあります。最近は人手不足の影響から内製化が難しく、外部委託するホテルが増加傾向にあります。

シティホテルにおいて適正と考えられる組織体制は、図表 26 の通りです。

【図表 26】シティホテルの組織体制の例

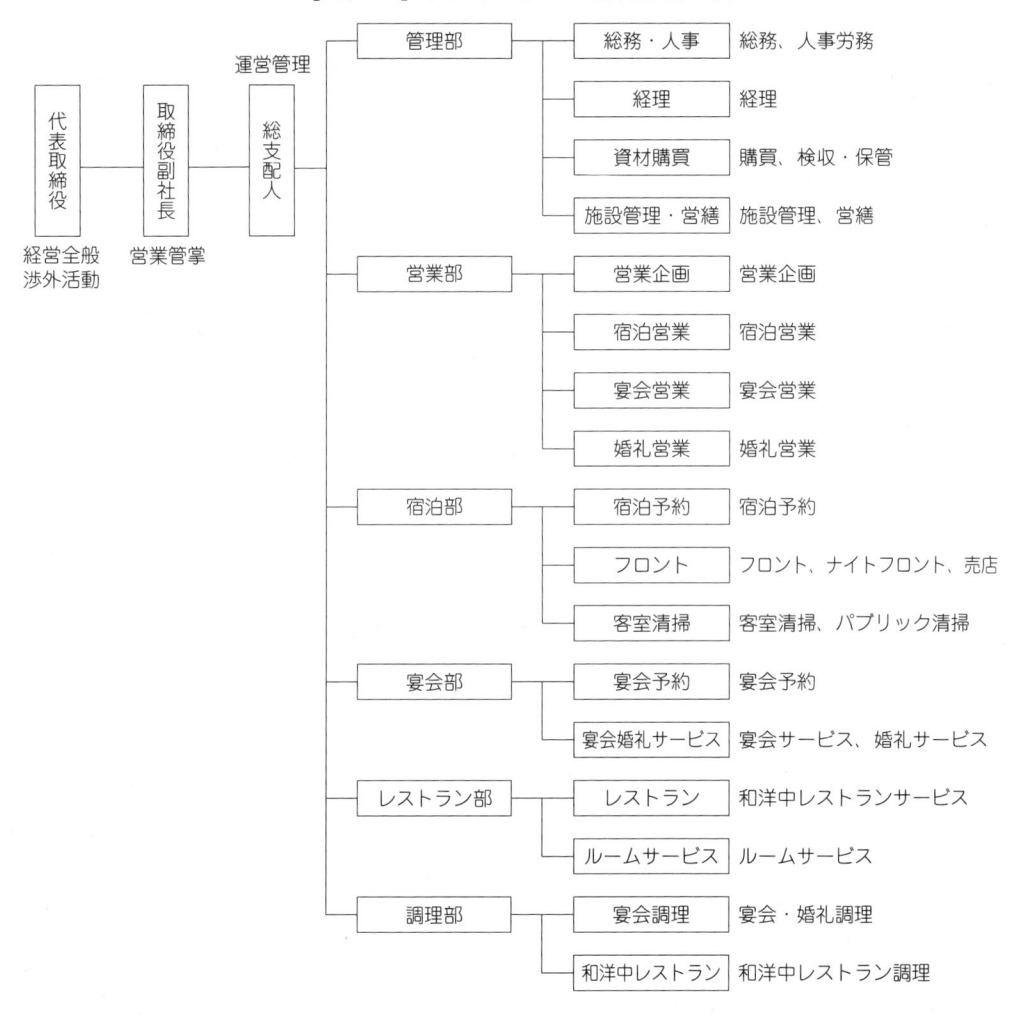

図表 26 は地方の中核都市にあるコミュニティホテルをイメージしたものですが、シティホテルは規模が大きく、提供するサービスも多いため、自然と部門も多くなります。

シティホテルでは明確に部門が分かれており、それぞれが専門的なサービスや機能を発揮しています。部門によってオペレーション自体が大きく異なるため、部門間で協働してサービスを提供することが少ないのです。

シティホテルの部門は大きく 3 つに分かれます。宿泊と宴会、レストラン、婚礼、調理といったサービスを提供する部門、宿泊と宴会、婚礼に分かれて営業活動を担当する営業部門、総務・人事、経理などの管理部門です。これらすべてを統括するのが総支配

人です。総支配人は、運営全般を管理するとともにホテルのGOP※までの業績責任を負います。また、ホテル運営のトップとして、顧客や地域などに対する顔、広告塔の機能もあります。ホテル総支配人には非常に高度なマネジメントが要求されます。

　図表26では取締役は副社長のみ掲載していますが、それ以外の取締役については省略しています。通常は、部門毎に管掌する取締役が設置されていることが多いです。各取締役の役割を明確にしておく必要があるのは大規模旅館の場合と同じです。

　各部門には支配人や部長をトップとして、副支配人、マネージャーといった役職者が、担当する職責を果たすために設置されます。シティホテルでは組織の階層が多くなる傾向にありますが、部門の機能を鑑みて必要でない職掌は減らすべきです。いずれにしても、各役職者が果たすべき職責や負うべき数字などは明確にしておく必要があります。

■スタッフのモチベーションを向上させるコツ

　組織体制を変えたあとは、スタッフのモチベーションアップの取り組みです。スタッフに気持ちよく働いてもらい、頑張った人に頑張った分だけ報いるためには、人事制度の改定ないし導入を図る必要があります。人事制度については綿密な設計に基づき、組織体制にあった制度にする必要があります。また、新しい人事制度が根付くための啓蒙活動や実際の運用にも力を入れなければなりません。中長期的には人事制度の改定ないし導入を行うとして、ここではそれ以前のスタッフのモチベーションアップの施策について述べます。

　スタッフのモチベーションを向上させるコツは、頑張ったスタッフは褒める、決まったルールを破ったら叱る、ということです。何も給与や報奨金で報いる必要は無いのです。

　人は、指示されて行動した結果どのような評価を得たかに重点を置きます。例えば、経営者が営業会議に出席している幹部に対して、「売上を上げる具体的な施策を考えてくれ。」と指示したとします。幹部はその営業会議で頭をひねって様々なアイデアを出しました。しかし、経営者から見るとそれらはどれもピンとこなかったのです。「どれも駄目だ。もう一度考え直してくれ。」と言って、その営業会議は終わりました。果たして、次の営業会議でも同じようなアイデアばかり出て、同じ事の繰り返しでした。

　さて、経営者がこの営業会議で、次のように発言して進めたらどうでしょうか。

　「Aさん、そのアイデアいいね。面白い。先ほどBさんが言ったアイデアと組み合わせたらどうだろう。」「Cさん、それはすぐに活かせそうだね。」などとすぐに褒める言葉をかけたらどうでしょうか。「でしたら、Bさんのアイデアを組み入れて、このようにしてはどうでしょうか。」「もっとこうすればすぐに販売に移せそうです。」などと幹部からの意見は活性化するはずです。

人は、指示されてやった結果を重視するのです。自身が提案した内容に対してすぐに肯定的な反応をもらえると、俄然やる気が出てくるものです。経営者はどうしても指示を出すこと、指示を理解させることに重点を置きがちになりますが、大切なのは、指示を出してスタッフが実行したあとのフィードバックなのです。この視点を持ってスタッフの良いところをすぐに褒めることで、モチベーションはぐっと上がるのです。

3)「経営管理」の視点における具体的な支援策

経営管理とは、経営目標を達成するために人、物、金、ノウハウを活用する取組全般のことを言います。いわゆるマネジメントです。マネジメント過程の管理として、マネジメントサイクルがあります。あらゆる施策について、Plan（計画）→ Do（実行）→ Check（検証）→ Action（改善）のサイクルを回すことによって、的確に経営目標の達成に向けた取組を進めていきます。

ここでは、売上、売上原価、人件費の計数管理に焦点を絞って、適正な管理手法（どのように計数管理の仕組みをつくるのか、PDCA※サイクルをどのように回すのか）について解説します。

■売上の管理手法

売上は、ホテル管理システム（PMS）※を活用して管理します。ホテル管理システム※では、宿泊予約や売上実績、残室数、会計処理など販売に関する情報を一元管理できます。更に、顧客管理やデータ分析、販売チャネル別売上動向など、客室指標に関する様々なデータも蓄積されます。

ホテル管理システム※から販売チャネル別、つまり、直予約、OTA※、リアルエージェント※別に、販売室数、客単価、利用人数などのデータを抽出します。過去3年プラス直近期の直近月まで実績数値を抽出して一覧表に整理します。

シティホテル・リゾートホテルの場合は、宿泊以外に宴会、婚礼、レストランなどの部門もありますから、宿泊以外の部門の売上も実績数値を収集して一覧表に並べます。宴会は、顧客属性別（官公庁、企業など）に件数、組人数、客単価などで積み上げます。婚礼は、新規来館者数、成約率、組単価、組人数、客単価などで積み上げます。レストランは時間帯別客数と客単価で積み上げます。

それぞれの実績が整理されたら、次にそれらを元に計画数値を作成します。その際、重要なのは「何をすれば客数が上がるのか」「客単価が上がるのか」といったことを明確にした上で、数値を積み上げていくことです（図表27参照）。

【図表 27】売上計画の例（年次での作成例）

チャネル別売上計画（単位：千円、税込）

チャネル	計画根拠		実績 金額・人数	実績 構成比	計画1期 金額・人数	計画1期 構成比	計画1期 前期差	計画2期 金額・人数	計画2期 構成比	計画2期 前期差
リアルエージェント1	個人客中心 新館の単価 UP を見込む	客数　（人）	2,466	27.8%	2,466	26.5%	-	2,713	33.1%	2
		客単価（円）	6,483	71.4%	8,113	80.7%	1,631	10,105	95.6%	1,99
		売上　（千円）	15,986	19.8%	20,007	21.4%	4,021	27,410	31.6%	7,40
リアルエージェント2	個人客中心 新館の単価 UP を見込む	客数　（人）	344	3.9%	300	3.2%	△44	300	3.7%	
		客単価（円）	9,733	107.1%	10,666	106.1%	933	10,799	102.1%	134
		売上　（千円）	3,348	4.2%	3,200	3.4%	△148	3,240	3.7%	40
リアルエージェント3	個人客中心 新館の単価 UP を見込む	客数　（人）	55	0.6%	33	0.4%	△22	34	0.4%	
		客単価（円）	8,831	97.2%	8,342	83.0%	△489	10,154	96.0%	1,81
		売上　（千円）	486	0.6%	275	0.3%	△210	345	0.4%	
リアルエージェント4	計画 1 期は DC の影響で微増	客数　（人）	22	0.2%	25	0.3%	3	36	0.4%	
		客単価（円）	9,605	105.7%	9,622	95.8%	17	9,992	94.5%	37
		売上　（千円）	211	0.3%	241	0.3%	29	360	0.4%	119
リアルエージェント5	個人客中心 新館の単価 UP を見込む	客数　（人）	116	1.3%	104	1.1%	△12	120	1.5%	16
		客単価（円）	7,532	82.9%	10,427	103.8%	2,895	12,910	122.1%	2,483
		売上　（千円）	874	1.1%	1,084	1.2%	211	1,549	1.8%	465
リアルエージェント6	個人客中心 新館の単価 UP を見込む	客数　（人）	6	0.1%	93	1.0%	87	40	0.5%	△5
		客単価（円）	9,942	109.4%	11,186	111.3%	1,244	13,724	129.8%	2,5
		売上　（千円）	60	0.1%	1,040	1.1%	981	549	0.6%	△4
リアルエージェント7	1 期は DC ありの見込み 計画 2 期は反動で減少	客数　（人）	1,671	18.8%	1,838	19.8%	167	1,500	18.3%	△33
		客単価（円）	7,982	87.9%	9,245	92.0%	1,262	7,916	74.9%	△1,329
		売上　（千円）	13,339	16.5%	16,992	18.2%	3,654	11,873	13.7%	△5,119
リアルエージェント計		客数　（人）	4,680	52.8%	4,859	52.3%	179	4,743	57.8%	△117
		客単価（円）	7,330	80.7%	8,816	87.7%	1,487	9,557	90.4%	74
		売上　（千円）	34,303	42.6%	42,840	45.9%	8,537	45,326	52.3%	2,4
OTA1	1 期は DC ありの見込み 計画 2 期は反動で減少	客数　（人）	1,512	17.0%	1,600	17.2%	88	981	12.0%	△6
		客単価（円）	10,759	118.4%	11,045	109.9%	286	11,401	107.8%	3
		売上　（千円）	16,267	20.2%	17,671	18.9%	1,404	11,185	12.9%	△6,48
OTA2	1 期は DC ありの見込み 計画 2 期は反動で減少	客数　（人）	925	10.4%	1,086	11.7%	161	771	9.4%	△315
		客単価（円）	11,841	130.3%	12,372	123.1%	531	12,446	117.7%	73
		売上　（千円）	10,953	13.6%	13,436	14.4%	2,483	9,596	11.1%	△3,841
OTA3	1 期は DC ありの見込み 計画 2 期は反動で減少	客数　（人）	518	5.8%	517	5.6%	△1	422	5.1%	△95
		客単価（円）	10,725	118.0%	10,909	108.6%	183	11,143	105.4%	23
		売上　（千円）	5,556	6.9%	5,640	6.0%	84	4,702	5.4%	△9
OTA4	今後は見込まない	客数　（人）	53	0.6%	-	-	△53	-	-	
		客単価（円）	8,348	91.9%	-	-	△8,348	-	-	
		売上　（千円）	442	0.5%	-	-	△442	-	-	
OTA（オンライントラベルエージェント）計		客数　（人）	3,008	33.9%	3,203	34.5%	195	2,174	26.5%	△1,029
		客単価（円）	11,044	121.5%	11,473	114.2%	429	11,721	110.9%	249
		売上　（千円）	33,219	41.2%	36,747	39.3%	3,528	25,482	29.4%	△11,265
その他 （旅館組合・案内所）	横ばい	客数　（人）	16	0.2%	16	0.2%	-	16	0.2%	
		客単価（円）	12,315	135.5%	12,315	122.6%	-	12,315	116.5%	
		売上　（千円）	197	0.2%	197	0.2%	-	197	0.2%	
その他 （自社ホームページ）	新館分の増加を考慮	客数　（人）	491	5.5%	540	5.8%	49	594	7.2%	
		客単価（円）	10,829	119.2%	11,186	111.3%	357	13,724	129.8%	2,53
		売上　（千円）	5,317	6.6%	6,042	6.5%	724	8,154	9.4%	2,112
その他（直電話予約）	横ばい	客数　（人）	677	7.6%	677	7.3%	-	677	8.3%	
		客単価（円）	11,184	123.1%	11,184	111.3%	-	11,184	105.8%	
		売上　（千円）	7,572	9.4%	7,572	8.1%	-	7,572	8.7%	
その他計		客数　（人）	1,184	13.3%	1,233	13.3%	49	1,287	15.7%	
		客単価（円）	11,052	121.6%	11,200	111.5%	147	12,370	117.0%	1,1
		売上　（千円）	13,086	16.2%	13,810	14.8%	724	15,922	18.4%	2,1
総合計		客数　（人）	8,872	100.0%	9,295	100.0%	423	8,204	100.0%	△1,0
		客単価（円）	9,086	100.0%	10,048	100.0%	962	10,572	100.0%	52
		売上　（千円）	80,608	100.0%	93,397	100.0%	12,789	86,731	100.0%	△6,66

DC…デスティネーションキャンペーン

売上計画を作成したら、毎月計画と実績の差異を取って、差異が生じていたらその要因が何であるのかを分析します。このとき気をつけるべきことは、それまでの経験と勘だけで曖昧に要因を決めつけないようにすることです。あくまで、客観的に見て正しいであろう要因を明確にします。たとえ間違っていたとしてもかまいません。そのときにきちんとした理屈で要因が明確になっていれば良いのです。数ヶ月後に改めて見てみると、過去に特定した要因が間違っていたと思うこともあるでしょう。しかし、そのときに必ず要因を特定するということが大切なのです。あくまで仮説であることが多いのですが、限られた情報でも自身の仮説を立てることが経営においては非常に重要です。

　差異の要因が明確になれば、改善策はおのずと見えてきます。そして翌月この改善策を実行して、どれだけ売上が伸びたのか確認します。伸びていれば、特定した要因が間違っておらず、改善策が有効に働いたということです。あるいは、改善策は有効かもしれないがスタッフに伝えきれないなどの理由で実行が遅れてしまうこともあるでしょう。この場合は、どうして実行できなかったのか再度検討します。そうして、どうすれば実行できるのかを考えて、翌月その結果を検証します。このようにして、粘り強くPDCA※サイクルを回していくのです。

■売上原価の管理手法

　売上原価は、主要献立・メニューのレシピ作成から始まります。レシピには使用する食材と量、仕入れ価格、調理方法などが記載されます。原価管理で必要なのは、食材毎の使用量と食材単価です。食材単価は、食材の歩留まりを考慮しなければなりません。

　例えば、4,900 円 /kg で仕入れた鮪を使うとしましょう。鮪は冊で仕入れているわけではなく、半身で仕入れました。そうした場合、皮や筋の掃除をしますので、使える部分は減ります。これが歩留まりです。例えば、半身のうち 70% だけ使えた場合は、食材の実際の単価は 1kg あたり 4,900 円 ÷ 70% ≒ 7,000 円となります。1 人の顧客に 100g 使用した場合、顧客 1 人あたりの鮪の原価は、7,000 円 × 100g/1,000g ＝ 700 円となります。このようにして算出した食材単価を食材毎に積算します。そうすると、一つのメニューで理論上の原価、標準原価が算出されます。

　毎月、経理で仕入伝票を集計しますので、料理部門の売上を集計すれば仕入率が出ます。毎月棚卸を実施しているホテル旅館であれば、正確な原価（実際原価）を算出することが出来ます。実際原価は次のように計算します。

実際原価率 ＝（先月末棚卸額 ＋ 当月仕入れ高 － 今月末棚卸額）÷ 料理売上

　この実際原価率を毎月調理場と共有することで、料理長も実際にかかった原価を知ることが出来ます。そして、あらかじめ経営者から指示された標準原価との差異がどれほど出ているかを把握することが出来ます。

　メニュー毎に設定された標準原価に、そのメニューの出数をかけて、全メニューについて積算すれば、理論上の当月の標準原価が出ます。ここまで細かく積算しているところもありますが、全メニューのレシピを作成して標準原価を算出することは大変手間のかかることです。実際にはそこまで実行しているホテル旅館は少ないと思われます。

　しかし、主要なメニューについてレシピを書くことは非常に重要です。料理長自らが、どの程度原価をかけているのか試算することになるので、原価管理の意識が強くなるのです。

　毎月の棚卸もしていないホテル旅館も多いと思われます。そこで行いたいのが、毎日の仕入率を見ることです。毎日の仕入伝票を見て仕入れ額を積算します。当日の料理売上はホテル管理システム※や経理から情報をもらいます。そうすることで、仕入率が分かります。これを当日とその日までの累計で見ます。これを毎日実施するだけで、料理長はそれまでの累計の仕入率が分かりますので、もし仕入れ価格が上がっているなどの理由で設定された原価率よりも高くなっていれば、より安価な食材をさがすとかロスを出来るだけ減らすとか、ポーションを落とすとか、様々なアクションを臨機応変に取ることが可能になります。仕入は、このように日々の管理が重要となります。

■人件費の管理手法

　人件費は、売上予測に応じたきめ細かいシフトコントロールが重要となります。当月の日々の予約状況を見ることにより、客室販売数や宴会受注数、婚礼受注数などが分かります。それらに合わせて、シフトを時間単位でこまめに作成します。一か月も前にまとめてシフトを作成してしまうと調整がきかなくなります。一方、急に出勤時間が変わったり、急に出勤しなければならなくなったりすると、スタッフの負担が大きくなります。

　よくあるのは、出勤日だけ調整して、各スタッフの勤務時間帯は変えていないというケースです。これでは、きめ細かいシフト組みが出来ません。まず、出勤日と勤務時間帯は明確に決めます。特に正社員は時間帯も変えながら、顧客の多い時間帯にシフトを厚くするように調整します。

　パート社員については、出勤日とおおよその勤務時間帯を決めておきますが、出来れば２週間前にそのときの最新の予約状況を見て勤務時間帯を調整させてもらいます。あるいは、スタッフ数が不足していれば、新たに出勤してもらうスタッフを探すことになります。

　上記のように融通しようと思うと、シフト組みを行う部門長とスタッフの間に日頃から信頼関係がなければなりません。日頃からよくコミュニケーションを取っておくことがきめ細かいシフト組みの前提条件となります。

毎月、各部門別の人件費は経理にて集計が可能です。実際にかかった人件費を計画値と比較して差異分析を行います。差異分析を行って日々のシフト組みを振り返りながら、どうして差異が生じたのか原因を明確にします。労働時間が増えている部門があれば、その要因は何なのか追求していくのです。単にシフト組みが甘かったのか、売上に比較してオペレーションの負担が大きく労働時間が長くなってしまったのか、他部門の人員不足をカバーするためにスタッフ数を増やしたのか、など様々な視点から分析を行います。そうして特定された要因に対して改善策を検討します。人件費に関しても、PDCA※を粘り強く回していく点は売上や売上原価と同様です。

4)「マーケティング」の視点における具体的な支援策

　マーケティングの視点で必要な支援策は、すべて売上増加につながらなければなりません。売上を上げるということは、狙ったターゲットにホテル旅館においで頂き、お金を落として頂くということです。逆に顧客の視点で考えると、行きたいホテル旅館を訪れて、料理やおもてなしを楽しみながらかけがえのない時間を過ごすことです。その対価としてお金を支払うのです。当たり前のことですが、この点を再度認識することで売上を上げる具体的な施策が生まれてくるのです。

　顧客に対して、ホテル旅館の魅力をきちんと伝えて、このホテル旅館を利用するとどのような時間が過ごせるのか、具体的なイメージを沸き立たせるために必要なのがコンセプトです。そして、提供するサービスやハードがコンセプトに紐付いていて一貫性があると、ターゲットへの訴求力が高まり、競合するホテル旅館との差別化が図られます。狙ったターゲットに選ばれやすくなるということです。

　コンセプトの設定手法について、旅館とホテルに分けて述べます。

■旅館のコンセプトの設定手法

　旅館の場合、弊社では図表 28 のようなワークシートを使ってコンセプトの設定を促します。

　まず、狙うべき顧客のイメージを明確にします。最初からあまり細かくすると全体感が失われますので、オンシーズン※とオフシーズン※ぐらいに分けて旅館が狙うターゲットを明確にします。留意点として、ターゲットを絞り込む必要はありません。オンシーズン※とオフシーズン※あるいは季節毎に狙うターゲットの優先順位をつけてください。一つに絞るのではなく、優先順位をつけるのです。図表 28 の事例では、オンシーズン※は、一番目に狙うターゲットはカップル（若年～熟年）としており、2 番目に狙うターゲットは家族（夫婦と子供が 1 ～ 2 名）としています。一方、オフシーズン※はこのようなターゲットは動きにくいので、未就学の子供がいる 3 世代の家族としていま

【図表 28】 旅館のコンセプト設定シートの例

		主なお客様	そのお客様の当館での過ごし方	そのお客様が当館に望んでいること
お客様から見た今の○○旅館の姿	オンシーズン	①カップル（若年～熟年）	●早めにチェックインしチェックアウトもゆっくり。二人きりの旅館ステイを満喫する。 ●夏は海水浴、通年で宮島観光。 ●熟年層は美術館や神社仏閣巡り。 ●結婚記念日など二人のお祝い。	●館内でゆっくり、のんびり過ごしたい。 ●記念日であれば思い出に残るようなサービスを、二人きりで過ごしたい場合はつかず離れずの機を見たサービス。 ●地のもの旬のものを少々高くても食べたい。
		②家族（小）※夫婦＋子供１～２人	●子供が喜ぶ観光施設（水族館、自然公園など）を楽しんでからチェックインし、温泉と食事を楽しむ。 ●一家団欒。	●子供を優先してサービスして欲しい。 ●小さい子供も安心して過ごしたい。 ●家族での思い出を作りたい。 ●上げ膳据え膳でお母さんもくつろぎたい。
	オフシーズン	①家族（大）※三世代	●還暦祝いなど人生の節目を家族と楽しむ。 ●大切な人との絆づくり。 ●家族で非日常の中で久々の再会を楽しんだりしてともに時間を過ごす。	●大切な人との楽しい思い出が作りたい。 ●大切な人と特別な時間を過ごしたい。 ●みんなで一緒に過ごせる広々とした環境が欲しい。

持続的競争優位性（ コア・コンピタンス ）

●雰囲気：純和風の空間と裸足でリラックスできる、温かい家庭的な雰囲気。
●顧客サービス：個別の要望にできるだけ対応。熟練した客室係の心温まるサービス。お客様の来館目的に応じ、臨機応変なサービスの提供。
●料理：瀬戸内の新鮮な魚、下関のふぐ、山陰の松葉蟹など、地の利を活かした仕入ルートで実現する多彩な会席料理。
●立地：山陽自動車道 IC○○から約10分。瀬戸内海に面し、エレベーターホールからは宮島を望む。
●温泉設備：塩化物泉。よく温まり疲れが取れる。美肌効果もあり、女性はアロマミストサウナ、男性はドライサウナを備える。全室オーシャンビューでジャクジーバス付き。

○○旅館のありたい姿

高単価、個人利用でのリピート客からの支持を得る
●ひとりひとりのお客様のご要望に応え、プライバシーに配慮したパーソナルな接客・サービスによって、くつろぎ、安心、癒やしを提供する
●何度訪れても新鮮な驚きや感動を得られる、非日常体験を演出する

一言でいうと○○旅館はどのような旅館？

「純和風旅館。温かみがあって素足でも安心して過ごせる旅館。」「温かみがあってなつかしい落ち着いたゆったりとして時間を過ごせる旅館。」
「一人ひとりのお客様を大切にする旅館。」「機を見た臨機応変なサービスが提供できる旅館。」

○○旅館のコンセプト　「大切な人と絆を深め、思い出に残る癒やしの宿」

サービスポリシー	サービス	●お出迎えの際には「おかえりなさい」、お見送りの際には「行ってらっしゃいませ」 ●チェックインからチェックアウトまで、周辺の散策を含む当旅館の過ごし方を小冊子で提案する。 ●ターゲット別に、当旅館での過ごし方をホームページと手作りの小冊子にて詳細に提案する。 ●季節のイベント（正月の餅つき、２月節分、バレンタインなど）とイベントの楽しさをブログやホームページ、手作り小冊子などで訴えていく。
	料理	●地産地消。当該エリアの食材の再発見。幅広い年代の女性に好まれる料理。アレルギーなどお客様の要望には出来るだけ応える。 ●「季節の思い出」をテーマにして旬の食材を用いたメイン料理を作り、２ヶ月に１回献立を変えていく。 ●手作りマップ付きの当該エリアの食材めぐりなどを食事の際の敷紙として提供する。
	施設	●季節毎の館内装飾・・・花、干支の折り紙、童画（うんちく付き）など。入り口や中庭の花も。 ●高齢者が風呂に入り易い仕様に、風呂と同じ高さの棚を設置することを検討する。

す。オンシーズン※は、カップルが喜んでくれそうなサービスに一番注力し、造成するプランもカップル向けのバリエーションを増やします。次に、家族向けのサービスを考えて、カップル向けほどではないですが、いくつかのプランを造成し販売します。

　これらのターゲットが旅館でどのように過ごして、旅館に何を望んでいるのかを明らかにします。ターゲットのニーズやベネフィットを明らかにすることにより、提供するサービスをどのように組み立てるかを検討する基礎材料となるのです。

　一方、競合する旅館と比較して、自身の旅館の強みが何であるか、持続的競争優位性（コア・コンピタンス※）を明確にします。雰囲気やサービス、料理、温泉、立地などで比較すると良いでしょう。競合する旅館と比較して圧倒的に差別化が図られていなくても良いです。少しは他の旅館より優れているな、と思われるだけでも良いです。ここで重要なのは、自身の旅館の良さ、顧客から見たときの魅力を見つけることです。どのような旅館でも魅力はあります。今後は、この魅力をコンセプトに紐付けて磨き上げていくことが売上増加につながるのです。

　自身の旅館の強みを活かして、ターゲットのニーズに応えるために、どのような旅館になりたいか考えます。図表28の事例では、個人向けの旅館として落ち着いた温かい雰囲気でおもてなしをしていますので、高単価の個人客に繰り返して利用してもらいたい、と考えています。さらに上記の流れを踏まえて、一言で言うとどのような旅館と言えるのかを表現します。図表28の事例のように一言で言うのですが、いくつかあってもかまいません。どの言葉も目指すべき旅館の姿、ターゲットから見た魅力的な旅館は何か、という点でうまく一言で表現されていると思います。

　最後に、キャッチコピー的にまとめたのが、コンセプトとなります。図表28の事例では「大切な人と絆を深め、思い出に残る癒やしの宿」です。

　コンセプトが決まると、サービスポリシーが決まります。コンセプトをサービス、料理、施設の各要素で表現するのです。図表28の事例では、サービスにおいて、「チェックインからチェックアウトまでの過ごし方を小冊子で提案する」とあります。これは、コンセプトにある「思い出に残る」を実現するために、漠然と旅館で過ごすのではなく、カップルのニーズに合わせた過ごし方を体験してもらうことにより、お二人のかけがえのない時間を過ごして頂きたいという想いが詰まっているのです。

■ホテルのコンセプトの設定手法

　ホテルの場合、弊社では図表29のようなワークシートを使ってコンセプトの設定を促します。

【図表29】ホテルのコンセプト設定シートの例

経営理念	自らの機会を創出し、機会によって自らを変える。			
経営のビジョン	地域住民に愛され、交流の場となります。そのために、私心を捨てお客様に尽くします。			

ターゲットとベネフィット

	宿泊	宴会（個人）	宴会（法人）	婚礼	レストラン
ターゲット	30代以上のビジネスマン、技術系・工業系の専門職。ホテルで打ち合わせをし、出張で数日間滞在する	エリア：○○市を中心に半径20Km圏内【慶事】お金をかけない、地味＋α婚を志向【人事（法事）】地味法要を志向	エリア：○○市を中心に半径20Km圏内 比較的広域に展開する中規模～大規模の法人 創業祭などの定期イベントを開催している	エリア：○○市を中心に半径20Km圏内 あまりお金をかけない、地味＋α婚を志向	40代～50代の女性。第一次子離れ世代で、時間がありお金にも不自由していない カルチャー教室などで趣味を楽しんでいる
ベネフィット	プリンタ、FAX、パソコンが使えて仕事がしやすい。地物の癒し、疲れのストレッチ、駐車場など快適な滞在もできる	リーズナブルから高付加価値まで、多様なプランや料理の選択肢がある 来客に負担をかけない定期法要や、人を呼べない法要もできる	一カ所でリーズナブルに行える 少人数での利用OK ホテルとして最低限の料理のクオリティ	リーズナブルから高付加価値まで、多様なプランや料理の選択肢がある 安価な引き出物など送迎サービスがある	落ち着いた雰囲気、趣味の会合の後にのんびり寛げる 特徴的で美味しい料理、地元食材

持続的な競争優位性（コア・コンピタンス）

（他社がまねのできない強み）
- 専門性を備えたスタッフによる、高品質のサービス
- 多様なニーズへの対応力と提案力（潜在的）
- 宴会場や会議室、レストラン、カフェなど多機能な施設を保有

（経営資源）
- 人材：ソムリエ、和洋の料理人、サービスレベルの高いスタッフ
- 施設：広い宴会場、重厚な客室（特にシングルルーム）、大型バス、ソフト面：地域密着度

○○ホテルのありたい姿	地域住民や観光を楽しむお客さま、ビジネスで利用されるお客さまが笑顔で過ごせるホテルになりたい 地域住民と生涯ともにあるホテルになりたい
○○ホテルのコンセプト	「ありがとうの笑顔を重ねるあなたのコミュニティホテル」
サービス指針	1. 私たちは、お客様へ心のこもったおもてなしと快適さを提供いたします。 2. 私たちは、お客様の心を先読みしておもてなしをいたします。

サービスポリシー

	宿泊	宴会（個人）	宴会（法人）	婚礼	レストラン
ポリシー	ビジネス環境の提供（ITブース、ミーティングルーム等）滞在客の利便性を上げるため1FにCVS、立ち飲み処をテナントで設置	利用シーンに応じたプランを提供いたします。安価から高付加価値プランまでの幅広い品揃え、コンパクト慶法事など 慶事（節目行事）や人事のアドバイス、コーディネート、提案	会議・研修と組み合わせたトータル宴会プランの提案 求められる料理の品質を堅守するレストランにての少人数宴会プランの提供	利用シーンに応じたプランの提案 安価から高付加価値プランまでの幅広い品揃え、コンパクト慶法事など チャペル、神社の挙式プラン、衣装の多様な選択肢	明確なコンセプト及び料理シール、名物料理、地元食材 個室間のある客室、良い雰囲気 気長いランチ営業で時間を気にせず寛げる

ホテルは規模も大きくなりがちで、スタッフ数も多くなります。そのため、経営理念と経営ビジョンからスタートします。旅館でも大規模旅館になると経営理念と経営ビジョンを考慮することが求められます。経営理念や経営ビジョンは会社全体の大きな方針になります。この方針とホテルコンセプトは整合性がなければなりません。そのため、経営理念と経営ビジョンをトップに記載するのです。

　基本的に旅館の考え方と同様のステップでコンセプトを作っていきます。旅館と大きく異なるのは、部門が多くあることと、いつでも誰でも利用できるオープンな場所だという点です。そこで、部門別にターゲットとベネフィットを明確にします。宿泊客の利用動機は、旅館の場合と同様に、オンシーズン※やオフシーズン※、季節によって変わります。そのため、本来はシーズン別にターゲットの優先順位を決める方が良いのですが、ホテル全体のコンセプトを作り上げる際には、あまり細かい点まで深掘りしないで、一番優先順位が高いと想定されるターゲットにとどめておきます。まずは、全体感を持って進めます。

　図表29の事例では、宿泊、宴会（個人）、宴会（法人）、婚礼、レストランの5部門に分けて考えています。宴会を個人と法人に分けたのは、経営ビジョンによるところが大きいです。「地域住民に愛され、交流の場となります」から地域住民の利用を促して、地域住民の交流の場となることを目指しているので、個人を法人と切り分けて考えたのです。

　各部門のメインターゲットがこのホテルを利用することで得られるベネフィットなどを明確にします。ターゲット毎にニーズを明らかにしてからベネフィットを定めると良いでしょう。宿泊であれば、メインターゲットは、30代以上のビジネスマン（専門職）です。数日間の出張が多い顧客です。このようなビジネスマンは、日中は慣れない職場で仕事をします。おそらく出張ですので、滞在期間中に自身が果たさなければならないミッションがあると思われます。それを果たさなければならない緊張感もあると思われます。積み残した仕事をホテルで仕上げたい、日中の仕事から解放されてホッと一息つきたい、リフレッシュして翌日の仕事に備えたい、などのニーズがありそうです。このニーズに応えるために、プリンタ・FAXなどが使えるとありがたいでしょう。また、大浴場やマッサージ機でリラックスし、お風呂上がりに一杯お酒を飲んでリフレッシュできると喜ばれそうです。このような流れで検討した結果が図表29の事例にあるベネフィットです。他の部門も同じように明確にしていきます。こうすることにより、部門毎に、狙うべきターゲットがどのようなことをホテルに望んでいるかが明らかになるのです。

　一方、競合する他ホテルと比べて何が優れているのか、持続的競争優位性（コア・コンピタンス※）を明らかにする点は旅館と同じです。このときに比較対象とする競合ホ

テルの設定には注意が必要です。部門毎に商圏を明確にして、それぞれの商圏内にある
ホテルを競合として設定とします。つまり、部門によって商圏は異なりますので、それ
ぞれの部門で競合するホテルを設定して、そのホテルと比較するのです。旅館の場合と
同様、圧倒的な強みではなくても良いです。この点は平均より優れているな、という程
度でも良いです。この強みを活かすことが重要です。

　ターゲットとベネフィット、競争優位性からホテルのありたい姿、理想のホテルの姿
を描きます。これは、中長期的なホテルのビジョンになりますので、それを目指しつつ
キャッチコピー的なコンセプトを作り上げます。各部門がそれぞれ、経営ビジョンにあ
るように、利用される顧客、特に地域住民が繰り返し利用してもらえるようなホテルを
目指す。図表29の事例では、これを実現できる高品質のサービスや料理を提供できる
スタッフがいます。これらを鑑みて、地域住民の方々が一生を通じてライフステージに
合わせて利用してもらうホテルをコンセプトとして再設定しました。それを言葉で表す
と「ありがとうの笑顔を重ねるあなたのコミュニティホテル」となりました。

　このコンセプトを実現するために提供するサービスの大方針が、サービス指針となり
ます。この方針に従って、各部門のサービスポリシーを定めます。宿泊であれば、先ほ
どのベネフィットを実現するためにITブースやミーティングルームの設置、宿泊客の
利便性を向上させるために1Fにコンビニエンスストアをテナントで入れ、また、一杯
飲んでくつろぎたい宿泊客に対して立ち飲み屋もテナントで入れることにしたのです。
このようにして、各部門それぞれにおいて具体的なサービスのポリシーが明確になり、
コンセプトに紐付いた一貫性あるサービスが提供できるのです。図表29の事例では触
れていませんが、ハード面の改善やリノベーションがある場合は、サービスポリシーの
下に施設ポリシーを定めることになります。

■コンセプトに基づいたプランの造成手法

　コンセプトに基づいたサービスポリシーが決まることで、ホテル旅館の売りものの方
針が決まることになります。あとは、この方針に従って、シーズン別に具体的なプラン
や商品を造成します。本章の「旅館のコンセプトの設定手法」の項で取り上げた旅館の
事例では、料理の方針として「季節の思い出」があります。そこで、シーズン毎に地元
の旬の食材を使用したプランを造成します。思い出を表現するために、その季節の名残
と旬、走り※の3つを取り入れた料理を作ることにしました。食材の売りが分かりやす
いように点数を減らして、前菜と刺身、焼き物、煮物、酢の物、食事、水菓子の構成と
します。刺身に名残の食材、焼き物は旬の食材、煮物に走りの食材を使用して、「夏の
思い出プラン」として売り出したのです。量は召し上がれないが情緒を楽しみたい60
代のご夫婦に、非常に喜ばれました。まさしく、この旅館のオンシーズン※のメインタ

ーゲットに突き刺さるプランとなったのです。料理だけではありませんが、特別な二人の時間を過ごせた顧客は口コミにその体験を投稿してくださいました。それが評判を呼び、新規顧客の開拓につながりました。また、季節毎に変えるので、夏には秋のプランを造成して早めにOTA※や自社ホームページに掲載することで告知効果も狙ったのです。早期の顧客獲得に寄与したことは当然の結果となりました。

■販売手法

次に売り方です。売り方は、まず客室在庫の販売チャネル別計画数を設定することから始めます。顧客を団体と個人に分けて、それぞれに販売チャネルを組み合わせます。団体でOTA※はあまり考えられないので、団体はリアルエージェント※の一般団体と募集団体に分けます。直予約は一般団体となります。個人は、リアルエージェント※の手配旅行とOTA※、直予約（自社ホームページを含む）に分けます。この区分で月別（出来れば日別）に目標販売客室数を設定するのです。

目標販売客室数は、前年同月同曜日を参考にしながら作ります。前年の販売状況を見ながら、本当はOTA※で予約が入っていたのに、早期にリアルエージェント※にブッキング※されたため販売できなかったなどの状況を振り返りながら、販売チャネル別に目標数を決めていきます。営業スタッフはこの目標数を見ながら、営業活動を行います。

【図表30】　目標販売客室数の作成例

目標販売客室数			12月1日（土）	12月2日（日）
団体	リアルエージェント	一般団体	10	10
		募集団体	20	10
	直予約	一般団体	0	10
個人	リアルエージェント	手配旅行	10	10
	OTA		50	50
	直予約		30	30
合計			120	120

（リアルエージェント※への営業）

リアルエージェント※への営業は、訪問営業が中心となります。接触頻度が高ければ受注につながった時代は終わったとはいえ、やはりよく会う人に仕事をお願いするのは不変の法則です。昔のように、ただ顔を出して一緒に食事をするとか世間話をするだけでは、駄目です。リアルエージェント※の担当者も若い人も多く、世代が変わっています。やはり、担当者にとって有益な話を持ってきてくれる営業スタッフとの時間を大切にすることが多くなっています。何が有益な話かは担当者によって変わりますが、例えばホテル旅館に宿泊する前後の行程の組み立ては担当者にとって苦労が多いものと思わ

れます。そこに、ホテル旅館から周囲の観光資源と組み合わせたリーフレットを作成して提案すれば喜ばれます。ホテル旅館からの交通手段やかかる時間も添えてあったり、提携している観光資源の情報であったりすれば、更に訴求力は高まるでしょう。このようにして、リアルエージェント※担当者のニーズをくみ取って提案することが求められているのです。

　そうはいっても、最後は価格勝負になることも多いです。その際に、一旦持ち帰って社長と相談して返事をするなどの対応をすると、その間に他館に取られてしまうかもしれません。そこで、シーズン別に営業スタッフに最低価格を持たせることが大切です。閑散期は部屋を埋めてくれる団体はのどから手が出るほど欲しい顧客です。通常より安価でも客室を埋めた方が良いです。この最低価格は、綿密な試算を元に経営者が決めます。安易に値下げすることはよくありませんが、ぎりぎりの攻防の際には提示してもかまわないという権限を営業スタッフに与えておくのです。このことにより、迅速な受注につながります。

（OTA※への対応）

　OTA※への対応は、重点を置くOTA※を選定し、そのOTA※の営業担当者とコミュニケーションを図ることから始めます。OTA※の担当者と年間の売上目標を共有します。その売上目標を達成するためにはどのような企画やイベントに参加すれば良いのか、その費用はいくらかかるのか入念に検討を加えます。経営者は常に費用対効果を考慮しながらいかにして売上目標を実現するかを検討するのです。

　目標が決まったら、具体的な取り組みになります。OTA※の売上増加策は数限りがないほど多くあります。ここでは、基本的な考え方だけ述べます。

　まず、重点を置くOTA※に向こう半年間は常に客室を提供しておきます。客室在庫がないと販売できないためです。ややもすると客室在庫がなかったりするので、こまめに客室の在庫数を見ながら管理しなければなりません。口コミの評価を上げる、販売実績を上げる、ページビュー数を上げる、自社のブログを恒常的にアップするなどの施策を実行することで掲載順位を上げることがポイントとなります。

（直予約の対策）

　直予約を増やすためには、顧客と密なコミュニケーションを取りながらロイヤルティを高めることにつきます。狙ったターゲットに喜んでもらい、再利用の動機を持ってもらうことが前提です。その上で、顧客とのつながりを持ち続けるのです。ホテル旅館で素晴らしい時間を過ごした顧客はすでに良い印象を持っています。また行ってみたいと思ってくれています。ひと月に何度も行くことは出来ないでしょうから、再利用するに

しても数ヶ月、場合によっては数年空くこともあるでしょう。そのときに、そのホテル旅館を顧客が忘れないことが大切です。

　頻繁にメールマガジンを配信し続けることもあるでしょうし、SNSで情報を発信し続けることも重要でしょう。いずれの媒体でも、商売臭くならないように情報を発信することがポイントです。経営者自ら自身のことをさらけ出すことが必要です。経営者のホテル旅館にかける想いですとか、どうしてそれ（食材や寝具、家具、従業員の笑顔など）にこだわるのかといった理由ですとか、経営者が考えていることや感じていることを率直に伝えるのです。つまり、経営者の人となりを伝えることに重点を置くのです。このような情報を受け取った顧客は、既にそのホテル旅館に好意を持っていますので、人間的なつながり感を持つはずです。このつながり感が、忘れられないために必要なのです。ゆくゆくは、顧客同士でつながって、ホテル旅館が持つ雰囲気や経営者の思いを共有する場になれば理想的です。このような場に参加している顧客はよりそのホテル旅館を好きになりますし、友人などに勧めてくれるのです。

5)「オペレーション」の視点における具体的な支援策

　オペレーションの支援策については、料理とサービス、清掃、施設管理の4つの視点に分けて紹介します。

■料理における支援策

　料理は、料理長含めて調理師の技量によるところが大きくなります。特に料理長の技量次第で提供できるメニューの品質が左右されます。お献立組みや味付け、盛り付け、器の使い方などどれもが料理長のそれまでの経験やセンス、料理に対する姿勢によります。

　ここでは、メニューの数に論点を絞ります。ホテルも同様ですが、分かりやすいため旅館の和食メニューを前提に考えます。通常、ホテル旅館は数多くのエージェント※と取引していますから、極端なことを言えばエージェント※の数だけメニューは増えます。エージェント※がオリジナルのメニューを要請してくるためです。かつ価格帯も幅を持たせるため、エージェント※数×価格帯で数多くのメニューが必要となるわけです。メニュー数が多いと、調理工程が複雑になります。恐らくメニューを変えるのは、お造りと焼き物、煮物、揚げ物、酢の物などが多いと思われます。

　例えば焼き物では、エージェント※によって魚を使用したり肉を使用したりします。肉でもUS牛を使用するのか国産和牛を使用するのかによって異なります。更に、国産和牛でもサーロインなのかフィレなのか部位によっても異なります。更に、あらかじめ調理場で火を入れて提供するのか、顧客の目の前のコンロで焼くのかによっても異なり

ます。エージェント※によってこれらの違いを出していくことが多くなります。食材や調理法、器、盛り付けなどで変化を持たせるのです。焼き物だけではなく、煮物や揚げ物にも違いが出てくるとそのパターンは更に複雑になります。この多品種少ロットのメニューを調理しなければならないのです。仕込みから調理、盛り付けまで数多くの工程が発生するのです。

また、このようにメニューが複雑ですと、料理を運び、サービスする際にも混乱が発生します。本来この顧客に提供しなければならない料理を別の顧客に提供するというミスは最も発生しやすいミスです。調理場が混乱してしまうと料理提供遅れが発生してしまい、顧客の不満が高まります。調理場と仲居の連携が取れなくなってしまうと、調理済みの料理がデシャップ（配膳前の料理を置く場所）に置きっ放しになってしまい冷めてしまうこともよく起こります。

食事の後の片付けにおいても、エージェント※毎に使用する器が異なることから器毎に整理して洗浄することが出来ず、個別に洗浄するしかなくなります。ここでも手間がかかるのです。

あくまで、顧客目線でメニューの種類を増やすのは良いのですが、これらはあくまでエージェント※の意向なのです。エージェント※の意向に沿うことも重要なのですが、要望を聞きすぎることも問題です。エージェント※が何を一番要望しているのか、それを明確にして、ホテル旅館側から提案する姿勢が必要となります。ホテル旅館側である程度パターン化されたメニューを持っておいて、エージェント※の要望に合わせて提案していくことがポイントとなります。

メニューのバラエティの考え方の基本は、対象顧客を宿泊客（個人・法人）と宴会客（地元）に分けて組み立てることです。宿泊客は観光客やビジネス出張客が中心ですから、その土地のものや季節のものを中心に組み立てる必要があります。宴会客（地元）は、ホテル旅館周辺の地域住民が多くなります。この顧客層は日頃から地域にある食材や味付けに慣れ親しんでいます。季節のものは良いのですが、日頃あまり食べられないものやちょっとした贅沢な料理を求めています。例えば海無し県の住民にとって、冬に食べるずわい蟹はごちそうです。ずわい蟹食べ放題の宴会プランを造成して販売すると好評であった事例もあります。

宿泊客向けの料理は、価格帯で３パターン考えます。業態によって異なりますが、例えば料理販売価格が3,000円、5,000円、7,000円などです。このケースでは、原則として団体客には3,000円の料理で対応します。個人客には、5,000円、7,000円の料理で対応します。この３つのパターンですが、先付から水菓子までの流れは大きく変えないで、点数の違いで差をつけます。団体客向けの3,000円の料理は、先付、前菜、お造り、焼き物、揚げ物、食事、水菓子にします。個人客向けの7,000円の料理は、先付、前菜、

お椀、お造り、焼き物、煮物、揚げ物、酢の物、食事、水菓子にします。価格が異なりますので、お造りや焼き物は食材のランクを上げるなどして差をつけます。

　このようにして、出来るだけメニュー数を減らす取り組みを行います。このことにより調理作業が効率化されて、調理師の残業が減ったり休日日数が増えたりします。仕入食材数も減少するため、仕入れ価格も下がりますしロスも減少します。原価のみならず人件費の抑制にもつながります。

　メニューを絞ることにより、3パターンの料理それぞれの売りも明確になります。食材に原価をかけたり、手間をかけたりすることが出来るようになるためです。3パターンそれぞれの売りが明確になることから、顧客への訴求力が高まり、価値観も上がるため顧客満足度も上がります。

■サービスにおける支援策

　サービスの品質を上げるためには、教育研修は必須となります。しかし、思いつきで外部講師を呼んで研修を実施してもほとんど効果はありません。なぜなら、継続して学んだことを振り返り、うまく出来たことやうまくいかなかったことをスタッフ間で共有し、改善策を検討して再度現場で実行していく仕組みがなければ定着しないためです。

　弊社では研修を実施する際には、事前に部門長及びリーダークラスへのインタビューを行うようにしています。それは、経営者が想定している研修課題と、現場の課題認識が異なることが多いためです。現場でのサービスレベルを向上するための課題を明確にしなければ、研修の意義はなくなってしまうのです。現場でのサービスレベルを向上するための課題を明確にした上で、研修プログラムを設計します。まず研修の対象者は部門長やリーダークラスになります。現場の最前線で働いているスタッフは後です。いきなりスタッフを対象に研修をしても、スタッフを管理する部門長やリーダークラスがスタッフに対して的確な教育訓練をできなければ、一過性で終わってしまうためです。

【図表31】部門長やリーダークラスの研修のアウトライン

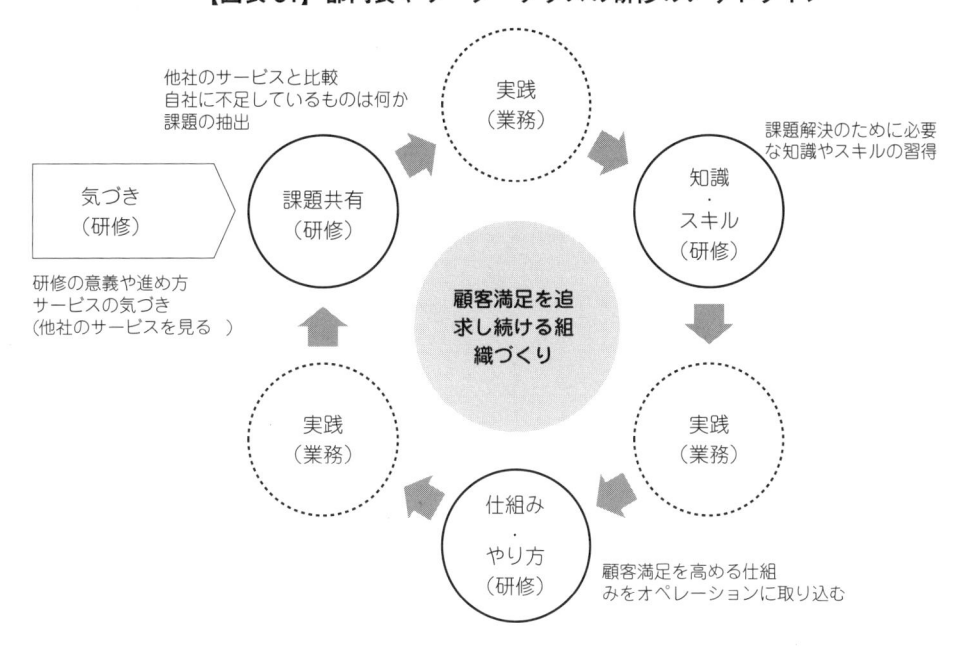

　部門長やリーダークラスの研修の目的は、現場が顧客満足を追求し続ける組織になるように教育訓練することです（図表31参照）。部門長とリーダークラスがこのことを理解して、自ら動いていくことが求められます。最初の研修で、顧客満足を追求し続ける仕組みづくりが必要であるという気づきを得てもらいます。他社と比較して自社に不足しているものは何か探り、自社は何をすれば良いのか課題を設定します。自身の組織が顧客満足を高めるために何をすれば良いのかを明らかにすることからスタートします。ここまでを最初の研修で検討します。

　例えば、初回の研修で自身の組織に不足している点として、部門長自身が顧客思考ではなくオペレーション思考に陥っており、業務を遂行することを優先している点が挙げられたとします。課題としては、部門長が顧客視点を持ってオペレーションをマネジメントすることになります。

　この課題を解決するための具体策については、各自が考えて現場で実践してみます。翌月の研修では、各自が実践して良かった点やうまくいかなかった点などについて部門長同士で共有します。そうすると、部門長自身が自分に何が不足しているのか、どのような知識・スキルを習得しなければならないのかが実感できます。この渇望に対し必要な知識・スキルの習得を目的とした研修を行うのです。この知識・スキルや知識を学んだ上で、再度現場で顧客志向のオペレーションを実現するために各自が取り組みます。翌月の研修でも同様に振り返りを共有します。このときは、各自の取り組みの精度が上がっており、少しずつ成果が出始める頃になります。そこで、この研修では、それを仕

組みに変えるためにどうすれば良いのか部門長同士で検討します。そうして、また現場で実践です。そして、再度その成果を持ち寄り、新たな課題を設定することになります。

このように、課題の共有と知識・スキル知識の習得、仕組みづくりと現場での実践を交互に繰り返すことにより、本当の顧客満足度を高める組織づくりに近づいていきます。部門長やリーダークラスのマネジメントスキルが向上してくるのです。一般のスタッフへの教育研修はこの状態になってから行います。既に研修と実践を組み合わせて自身のマネジメントスキルの向上を実感しているため、随時スタッフを見ながら関心を持って教育研修の成果を上げられるようサポートするようになります。そうして初めて、スタッフのサービスレベルも向上していくのです。

■清掃における支援策

ホテル旅館も女性と同じで美しく年を重ねることが出来ます。そのために必要なのはしっかりとした清掃です。たとえ老朽化しても、傷みが少なく清潔感溢れるホテル旅館になることが出来るのです。

さて、客室清掃は比較的単純な作業のように見えますが、決まった時間内に品質と効率性が両立しなければなりません。しわのないベッドカバー、埃のない客室、ゴミが落ちていない床、髪の毛が残っていないバストイレ、ぴかぴかに磨かれた鏡。これらは、ホテル旅館にとって当たり前のことです。この状態をチェックインまでに完成させなければなりません。

当然ですが、インスペクションシートは必須です。インスペクションシートとは清掃済の客室の最終チェックシートですが、事細かくリスト化されていることが通常です。最低限このレベルの清掃状態を実現するということが明示されたチェックシートになります。このチェック項目を清掃スタッフ自身が理解していることはもちろんです。2名1チームで動くホテル旅館も多いと思いますが、ベテランと新人を組み合わせて、毎日OJTを実施しながら新人を教育していくことも求められます。

時間を短縮しても求められる清掃品質を実現する清掃方法は各スタッフが独自に工夫して習得していることが多いものです。この独特のノウハウを全スタッフで共有することが出来ると、組織として清掃品質と生産性が向上します。1週間に1回程度日常ミーティングにおいて、このノウハウを披露する機会を作ります。そして、月に1回程度はロールプレイングで各スタッフが体得できるようにします。繰り返しミーティングでのノウハウの共有やロールプレイングを実施することにより、組織としての清掃品質の向上と生産性の向上を図る事が出来ます。

清掃スタッフに求められるのは、清掃の品質や生産性だけではありません。それは、パブリックスペースでの顧客との接点です。清掃スタッフにも施設内に滞在中の顧客と

の接点があります。特にチェックアウト時の慌ただしい時間帯には清掃スタッフと顧客の接点が増えます。そのときに、清掃にだけ注意が向いていて顧客を無視するような態度を取ったらどうでしょうか。決して顧客にとって気持ちの良いものではありません。むしろ、忙しい時間帯でもきちんと顧客に向き合い、お辞儀をして挨拶をすることでホテル旅館の印象は良いものになります。プラスアルファのお声がけは必要ありません。朝であれば「おはようございます」、チェックアウトであれば「ありがとうございました。」などの挨拶をするだけで良いのです。これらは、他部門と同様にサービススタンダードとして最低限スタッフが守らなければならないルールとして浸透させる必要があります。

■施設管理における支援策

　施設管理は、ホテル旅館の基本機能を維持していくために非常に重要な役割を担っています。

　ホテル旅館では毎日機械や設備が動いています。そのため、突発的に機械が故障することも多いものです。ボイラーの調子が急に悪くなって給湯が出来なくなってしまったら、顧客からの信頼は失われます。機械や設備の修繕は、現実には壊れてから対応することが多いようです。そうすると、自前で修繕できない機械や設備であれば、業者に依頼するほかありません。出来るだけ早急に修繕して通常運転に戻す必要がありますので致し方ないところではあります。しかし、これでは急な依頼ですから、どうしても修繕費用が高くなりがちです。しかも、ほぼ言い値で受け入れざるを得ないものです。このようなことが一つ一つ積み重なると年間で見たときには非常に大きな金額になります。

　そこで、日常から各機械や設備の点検リストを作成しておきます。その点検リストを使って、決まった時間に決まった箇所の点検をするのです。設備の稼働状況を目視して、異音はないか、異臭はしないか、正常に動いているかなどをチェックします。また、計器類も測定して設定した温度で給湯しているかなど数値面でもチェックします。このような点検を毎日同じ時間に行うことが重要です。毎日同じ時間に点検する習慣がつくと、昨日と比較することが容易になります。そうすると、ちょっとした違和感でも気づけるようになります。少しでも異常があれば、どこがおかしいのか、まずは自前の設備管理担当者で対応が出来ます。原因が分かれば、これは業者にお願いするしかない、これは自前で修繕できるといった判断を冷静に行うことが出来ます。

　たとえ業者にお願いしないといけなくなったとしても、まだ顧客に迷惑をかける状況ではないため、時間があります。そこで、いくつかの業者に相見積もりを取ることが出来るのです。緊急の依頼に比べると安価ですむことは容易に想像できることです。大規模なホテル旅館になればなるほど、機械や設備も多いため毎日何かしらチェック項目が出てきます。このような小さな積み重ねが年間になると大きく差が出てきます。少しで

も安価に修繕できれば、年間にしたときには無視できないほどの金額が下がることになります。

　機械や設備だけではなく、パブリックスペースや客室、大浴場などの故障や傷みも毎日チェックします。何号室の客室はクロスがはがれている、などといった情報を日頃から収集しておくのです。いきなり全部の修繕が出来るほど資金に余裕のあるホテル旅館は少ないでしょう。ですが、このような情報が収集されていると計画的に修繕が出来ます。この場合も相見積もりを取ることで更に安価に済ませることが出来ます。ホテル旅館の基本機能は、このような取り組みを地道に続けることで、費用を抑えながら維持できるのです。

6）「施設」の視点における具体的な支援策

　施設においては、設備投資への取り組みがポイントです。そもそも設備投資とは、どのように考えれば良いのでしょうか。

【図表32】3種類の設備投資（修繕・更新・改修）による性能水準の推移

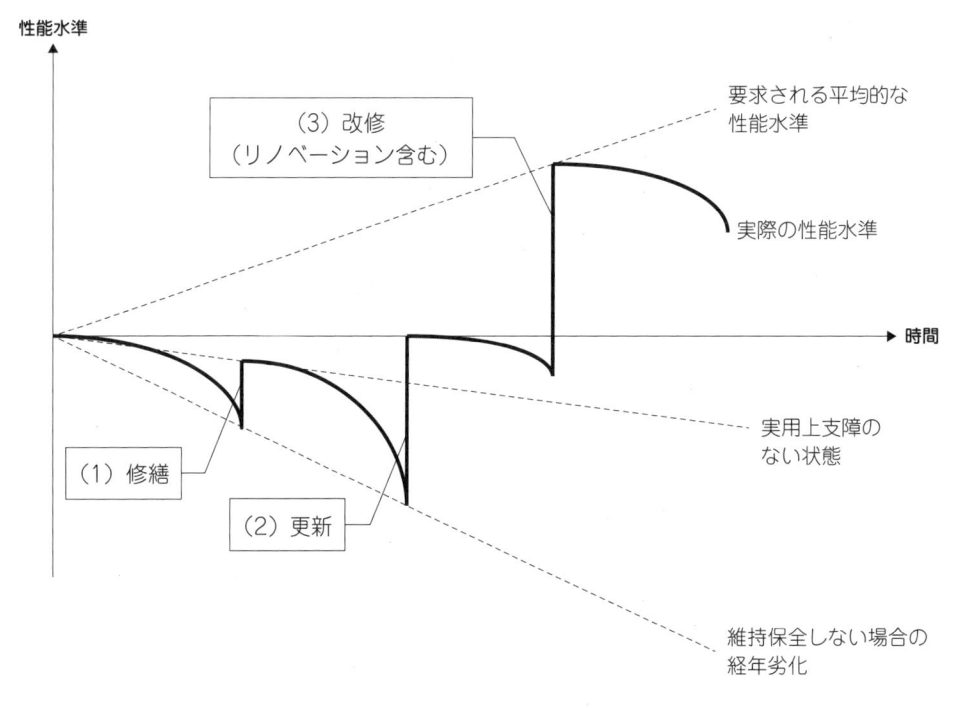

　図表32のとおり、設備投資には（1）修繕、（2）更新、（3）改修の3種類あります。それぞれの意味合いは、次の通りです。

（1）修繕：故障した物品の交換や塗装のやり変え等で、建物や設備機器の機能低下の速度を弱め長持ちさせること。

146

　　　（例）防水の部分補修、空調機ファンベルトの交換など

（2）更新：劣化した部位・部材の機器類の性能及び機能を原状回復（初期水準）させること。

　　　（例）外壁改修、屋上防水改修、受変電設備改修、ボイラー改修など

（3）改修：劣化した部位・部材の機器類の性能及び機能を、原状（初期水準）を超えて改善すること。イメージアップ、機能向上、スペースの有効活用、耐震性向上などを含む。

　　　（例）耐震改修、グリーン改修、客室リノベーションなど

　一般的に、設備投資というと（3）の改修（リノベーション）をイメージしている経営者が多いように見えます。これは大きな間違いです。やはり、ホテル旅館は装置産業であり、ハコ物なのです。まずは、その基本的な機能、安全で快適かつ清潔に過ごせる空間づくりが求められます。この基本機能の維持に必要なのが（1）修繕と（2）更新です。これらは、すぐに収益に結びつかないものですが、だからこそ計画的に設備投資しなければならないのです。修繕および更新は毎期売上比率で2％〜3％程度はかける必要があります。（更新は一部資本的支出になります。）売上10億円の大規模旅館であれば、毎期20百万円〜30百万円程度の修繕更新をする必要があります。

　修繕と更新にかかる負担は、前項「5）『オペレーション』の視点における具体的な支援策」の「施設管理における支援策」の項にあるとおり、日常の点検体制を整えることにより低減させることが可能です。日常点検と計画的な設備投資がホテル旅館の基本機能維持にとって非常に重要であることがお分かり頂けたと思います。

　さて、（3）改修、すなわちリノベーションはどのように行えば良いのでしょうか。この設備投資は、戦略的設備投資とも言われ、収益向上に直結する設備投資です。そのため、同じ1億円をかけるにしても、それが収益向上につながるのか、効果のないものになってしまうのか、事前の見極めが重要となります。

　本章の「4）『マーケティング』の視点における具体的な支援策」の項で見たように、施設はホテル旅館のコンセプトに紐付く、一貫性あるものでなければなりません。コンセプトに基づき、その基本線においてどこに設備投資すれば良いのかを検討します。

　どこに設備投資すべきかを検討していくつかの投資案を考えたら、それぞれの案の投資効果（採算性）を検証し、経済合理性をもって投資判断します。図表33は、改修工事の投資効果の試算のイメージです。

　投資効果を検証する代表的な方法にNPV法があります。NPV（Net Present Value Method）とは「正味現在価値」を意味し、以下の計算式で求められます。

NPV ＝ 期待される CF の現在価値 － 投資額の現在価値

設備投資案の NPV がプラスかどうかを事前に試算し、プラスであれば投資を行う、という意思決定方法です。

投資効果を検証する際、改装で期待される CF（キャッシュフロー）の増加額を前提として使いますが、この想定金額を決して過大に設定しないことです。出来るだけ現実的な想定金額を元に試算します。

設備投資の中でも改修は特に多大な資金を要するので、上記のような方法でその採算性を事前によく検討することが重要です。

【図表 33】 投資効果の検証報告書の例

○○ホテルの改装における投資効果の検証

1、改装計画とねらい
　　○○○○○○○○○○○

2、改装に伴う投資金額の現在価値（単位：千円）

	1 年目	2 年目	3 年目	4 年目	5 年目	6 年以降	合計
改装費	260,000	75,000					335,000
付随工事 （内部配管）費	60,000	60,000					120,000
工事費合計	320,000	135,000					455,000
改装費の現在価値	236,363	61,983					298,346
付随工事費の現在価値	54,545	49,587					104,132
付随工事を含む投資金額の現在価値	290,908	111,570					402,478

3、改装で得られる各年度のキャッシュフローの現在価値（単位：千円）

	1 年目	2 年目	3 年目	4 年目	5 年目	6 年以降	合計
改装で 期待される CF 増加額	35,056	64,972	72,845	73,378	73,378	733,784	1,053,414
期待される CF の現在価値	31,870	53,696	54,729	50,118	45,562	455,622	691,597

投資金額は改装費用のみの場合、335,000 千円であるので、正味現在価値（NPV）は、

　　NPV ＝ 691,597 千円 － 298,346 千円 ＝ 393,251 千円 ＞ 0

となり、投資効果はあると判断できる。

また、投資に付随工事を含んだ場合、455,000 千円であるので、正味現在価値（NPV）は、

　　NPV ＝ 691,597 千円 － 402,478 千円 ＝ 289,119 千円 ＞ 0

となり、付随工事を含んだ場合でも投資効果はあると判断できる。

よって、本改装はプラスの価値を生み出すことが期待されると結論付けられる。

「ホテル旅館の
　事業性評価シート」

●この章のポイント●

ここでは、ホテル旅館の事業性評価に使う実際のツールの様式を提示します。全評価項目をリストにした「事業性評価票」と、評価結果を表示する「事業性評価結果」のシートがあります。「事業性評価票」は、「旅館（客室 30 以上）用」「旅館（客室 30 未満）用」「ビジネスホテル用」「シティホテル・リゾートホテル用」の 4 種類あります。

1. 「事業性評価票」旅館（客室 30 以上）用
2. 「事業性評価票」旅館（客室 30 未満）用
3. 「事業性評価票」ビジネスホテル用
4. 「事業性評価票」シティホテル・リゾートホテル用
5. 「事業性評価結果」のシート（4 業態共通）

「事業性評価票」 旅館（客室 30 以上）用

項目ID	評価項目			評価基準			（参考）指標分類
	大分類	中分類	詳細	3点（良い）	2点（普通）	1点（悪い）	
1	投資・財務活動	投資	適正な設備投資ができているか？	毎期の設備投資が総売上高の2%以上あり、過去10年に総売上高の10%以上の大規模投資をしている	毎期の設備投資の規模が総売上高の2%以上ある	毎期の設備投資の規模が総売上高の2%に満たない	結果指標
2	投資・財務活動	借入	有利子負債が年商に対して大きすぎないか？	有利子負債対年商倍率※が1倍未満である	有利子負債対年商倍率※が1倍以上2倍未満である	有利子負債対年商倍率※が2倍以上である	結果指標
3	収益力	売上	施設規模に相応しい売上があるか？	1室あたり総売上が1,000万円以上である	1室あたり総売上が700万円以上1,000万円未満である	1室あたり総売上が700万円未満である	結果指標
4	収益力	売上	客室が充分に稼働しているか？	客室稼働率が70%以上である	客室稼働率が50%以上70%未満である	客室稼働率が50%未満である	結果指標
5	収益力	売上	売上の大幅な減少はないか？	直近3年の売上成長率がマイナスでない	直近3年の売上成長率が▲5%以上0%未満である	直近3年の売上成長率が▲5%未満である	結果指標
6	収益力	コスト	料理材料の仕入コストは適正か？	料理材料の対売上比率が20%未満である	料理材料の対売上比率が20%以上23%未満である	料理材料の対売上比率が23%以上である	結果指標
7	収益力	コスト	人件費・外注費は適正か？	人件費比率（外注費含む）が30%未満である	人件費比率（外注費含む）が30%以上35%未満である	人件費比率（外注費含む）が35%以上である	結果指標
8	収益力	コスト	水道光熱費は適正か？	水道光熱費率が7%未満である	水道光熱費率が7%以上9%未満である	水道光熱費率が9%以上である	結果指標
9	収益力	利益	利益率は適正か？	償却前営業利益※率が15%以上である	償却前営業利益※率が5%以上15%未満である	償却前営業利益※率が5%未満である	結果指標
10	経営者	社長の資質	改善に向けた社長の意欲は？	社長に改善への大変強い意欲がある	社長に改善への意欲がみられる	社長に改善への意欲がみられない	プロセス指標
11	経営者	社長の資質	社長自身の経験・知見を意思決定に活かしているか？	社長には自信をもって経営に活かせる充分な経験や知見があり、常にそれに基づき意思決定している	社長は自身の経験や知見に基づき意思決定している	社長は主に他者の進言に基づき意思決定している、または、社の方針決定にあまり関与していない	プロセス指標
12	経営者	社長の資質	社長は従業員とコミュニケーションを取ったり他者の意見に耳を傾けたりするか？	社長は日常から積極的に従業員とコミュニケーションを取ったり他者の意見に耳を傾けたりしている	社長は時々従業員とコミュニケーションを取ったり他者の意見に耳を傾けたりしている	社長が従業員とコミュニケーションを取ったり他者の意見に耳を傾けたりすることはない	プロセス指標
13	経営者	社長の資質	社長は決定事項を浸透させる方策を自ら主体的に講じるか？	会議で決めたことを従業員に浸透させるため、社長が主体的に方策を講じたり、PDCA※を社長が自ら先して回したりしている	会議で決めたことを従業員に浸透させる意思があるが具体策を講じることはない、または、他者に命じている	会議で決めたことを従業員に浸透させる方策は特段講じていない	プロセス指標
14	経営者	承継者の有無と資質	経営者としての資質がある承継者はいるか？	承継者がおり、その承継者に経営者としての資質がある	承継者がいるが確実性がない、またはその承継者に経営者としての資質がない	承継者がいない	プロセス指標

項目ID	評価項目			評価基準			(参考)指標分類
	大分類	中分類	詳細	3点 (良い)	2点 (普通)	1点 (悪い)	
15	組織	組織体制	売上規模に応じた組織図になっているか？（部門と階層の数が売上規模に相応しいか)	部門の数、階層の数ともに無理・無駄のない組織で、かつ独自の工夫が講じられている	部門の数、階層の数ともに無理・無駄のない一般的な組織である	部門の数や階層の数に無理・無駄がある	プロセス指標
16	組織	組織体制	部門長の役割と機能が明確か？明文化されているか？	部門長の役割と機能が明確かつ明文化されている	部門長の役割と機能が明確である	部門長の役割と機能が明確でない	プロセス指標
17	組織	組織体制	指示命令系統（報連相）が明確か？従業員が理解しているか？	指示命令系統（報連相）が明確かつ明文化されて従業員に周知されている	指示命令系統（報連相）が明確で従業員が理解している	指示命令系統（報連相）が明確でない	プロセス指標
18	組織	組織体制	経営者と幹部の会議体が機能しているか？	経営者と幹部の会議体があり、経営上の意思決定について議論している	経営者と幹部の会議体があるが、経営上の意思決定が議題に上らない場合もある	経営者と幹部の会議体はない、または、形骸化している	プロセス指標
19	組織	組織体制	各部門のミーティングが毎日開催され、機能しているか？	各部門で毎日ミーティングが開催され、伝達のほか、教育や意見を述べる場として機能している	各部門で毎日ミーティングが開催されている	各部門でのミーティングは不定期である、または開催されていない	プロセス指標
20	組織	人的資源	部門長にマネジメントスキル・人望があるか？	複数の部門長にマネジメントスキルがあり、部下とのコミュニケーション能力も高く人望が厚い	一定のマネジメントスキルをもつ部門長がいる	一定のマネジメントスキルをもつ部門長がいない	プロセス指標
21	組織	人的資源	リーダークラス以上に、主体的に改善に取り組める優秀な従業員がいるか？	主体的に改善に取り組めるリーダークラス以上の従業員がおり、特筆すべき優秀な人材である	主体的に改善に取り組めるリーダークラス以上の従業員がいる	主体性のある従業員はいない	プロセス指標
22	組織	人材管理	従業員のモチベーションを維持向上する人事制度が整っているか？	頑張りを報酬に反映する評価制度（賞与・昇給等）がある	一般的な給与水準があり、福利厚生が整っている	給与水準や福利厚生が一般的な水準を下回る	プロセス指標
23	経営管理	予実管理（全体・売上)	月次決算（部門別）が速やかにできているか？月次で予実差異分析が行われ、幹部が活用しているか？	試算表（部門別）が翌月の中旬までに作成され、月次で予実差異分析が行われて幹部が方策の検討に活用している	期中に予実差異分析が行われ幹部が方策の検討に活用しているが、タイミングが遅い（試算表（部門別）が作成されるのが翌月の中旬以降になる)	期中に予実差異分析が行われていないか、不十分である（幹部が活用していない、部門別損益が把握されていない など)	プロセス指標
24	経営管理	予実管理（コスト)	主要な費目の動向を管理しているか？（原価、人件費、水道光熱費、修繕費、支払手数料、広告宣伝費など)	主要な費目の増減を把握し、予算と比較した上で、問題があればすぐに対処している	主要な費目の増減を把握している	主要な費目の増減を把握していない	プロセス指標
25	経営管理	予実管理（コスト)	調理場が仕入コストの適正化に取り組めるよう、実際原価率を把握し活用しているか？	実際原価率を把握して月次で調理場と共有し、調理場がそれに基づいてロスや材料費変動を認識して仕入コストの適正化に取り組んでいる	実際原価率を把握し調理場と共有している	実際原価率を調理場と共有していない	プロセス指標
26	経営管理	資金繰り管理	資金繰りの見通しが管理されているか？	向こう半年間の予想資金繰り表が作成されている	資金繰り表が作成されている	資金繰り表が作成されていない	プロセス指標
27	マーケティング	コンセプト	ターゲットは明確か？シーズンごとに設定しているか？	シーズンごとに優先すべきターゲットが明確である	ターゲットが明確であるがシーズンごとの区別はしていない	ターゲットが明確でない	プロセス指標

項目ID	評価項目			評価基準			(参考)指標分類
	大分類	中分類	詳細	3点（良い）	2点（普通）	1点（悪い）	
28	マーケティング	コンセプト	コンセプトは明確か？ターゲットにとって喜ばれるものか？	コンセプトが明確かつターゲットにとって喜ばれるものになっている	コンセプトがあるがターゲットのニーズにマッチしていない	コンセプトが明確でない	プロセス指標
29	マーケティング	プラン造成	プラン造成に独自性があるか？	競合会社にはない独特なプランがある	競合会社並みの、地域性を活かしたプランがある	プランに独自性がない	プロセス指標
30	マーケティング	価格戦略	価格戦略があるか？	販売価格にシーズナリティ※を持たせており、売上への影響を把握して価格戦略に反映している	販売価格にシーズナリティ※を持たせている	販売価格のコントロールは実施していない	プロセス指標
31	マーケティング	広告宣伝	自社HPは広告宣伝媒体として優れているか？	自社HPはWebサイトとして最新の機能・デザイン・コンテンツを備えており、自社の売りが明確にアピールされている	自社HPは一般的なコンテンツを備えている（予約機能・プラン情報・施設の特長等）	自社HPのコンテンツが不十分（予約機能・プラン情報・施設の特長等に欠ける）、または存在しない	プロセス指標
32	マーケティング	販売チャネル管理	販売チャネル別の販売計画があり、予実差異分析が行われているか？	販売チャネル別の販売計画があり、予実差異分析が行われている	販売チャネル別の販売計画が作成されている	販売チャネル別の販売計画は作成されていない	プロセス指標
33	マーケティング	販売チャネル管理	リアルエージェント※への依存度が高くないか？	リアルエージェント※経由の売上構成比率が40%未満である	リアルエージェント※経由の売上構成比率が40%以上60%未満である	リアルエージェント※経由の売上構成比率が60%以上である	プロセス指標
34	マーケティング	販売チャネル管理	OTA※（オンライントラベルエージェント）を活用しているか？	OTA※経由の売上構成比率が25%以上である	OTA※経由の売上構成比率が10%以上25%未満である	OTA※経由の売上構成比率が10%未満である	プロセス指標
35	オペレーション	仕入	仕入業者に相見積もりを取っているか？	既存品目についても1年～数年程度で仕入業者の相見積を取り業者入替を検討している	新たな仕入品目の仕入業者選定にあたっては相見積を取っている	新たな仕入品目の仕入業者選定の際も相見積を取ることはない	プロセス指標
36	オペレーション	仕入	仕入を調理場に任せず、経理や用度※が関わっているか？	日常の仕入に経理や用度※が関わっている	日常の仕入は調理場が行うが、契約行為（新規仕入先との契約、既存業者との基本契約の更新等）には経理や用度※が関わっている	仕入は全て調理場の判断で行っている	プロセス指標
37	オペレーション	調理	夕食の質はどうか？（季節感・地の食材の活用・味付け・目を引く盛り付け・料理を引き立てる器）	夕食は大変良好である（季節感・地の食材の活用・味付け・目を引く盛り付け・料理を引き立てる器）	夕食は概ね良好である（季節感・地の食材の活用・味付け・目を引く盛り付け・料理を引き立てる器）	夕食に気になる点がある（季節感がない・地の食材がない・味付けが悪い・盛り付けや器が凡庸など）	プロセス指標
38	オペレーション	調理	朝食の質はどうか？（季節感・地の食材の活用・味付け）	朝食は大変良好である（季節感・地の食材の活用・味付け）	朝食は概ね良好である（季節感・地の食材の活用・味付け）	朝食に気になる点がある（季節感がない・地の食材がない・味付けが悪いなど）	プロセス指標
39	オペレーション	調理	ご飯や味噌汁、漬け物が美味しいか？	ご飯や味噌汁、漬け物に特にこだわりがある	ご飯や味噌汁、漬け物が美味しい	ご飯や味噌汁、漬け物は凡庸である	プロセス指標
40	オペレーション	サービス	スタッフのサービスレベルはどうか？（言葉遣い・挨拶・笑顔・親しみ・気配り）	スタッフのサービスレベル（言葉遣い・挨拶・笑顔・親しみ・気配り）は大変良好である	スタッフのサービスレベル（言葉遣い・挨拶・笑顔・親しみ・気配り）は概ね良好である	スタッフのサービスに気になる点がある（言葉遣いが悪い・挨拶ができていない・笑顔や親しみや気配りがなく事務的など）	プロセス指標

項目ID	評価項目			評価基準			(参考)指標分類
	大分類	中分類	詳細	3点(良い)	2点(普通)	1点(悪い)	
41	オペレーション	サービス	フロントの対応はどうか？（案内や説明の的確さ、要望に真摯に対応する姿勢、フロントが受けた要望の他部署への伝達）	フロントの対応（案内や説明の的確さ、要望に真摯に対応する姿勢、フロントが受けた要望の他部署への伝達）は大変良好である	フロントの対応（案内や説明の的確さ、要望に真摯に対応する姿勢、フロントが受けた要望の他部署への伝達）は概ね良好である	フロントの対応に気になる点がある（案内や説明が分かりにくい、要望に真摯に答えない、フロントが受けた要望が他部署へ伝わっていない、など）	プロセス指標
42	オペレーション	サービス	食事のサービスはどうか？（スタッフの夕食の説明力、料理提供のタイミングの的確さ、サービスの動きの良さ）	食事のサービス（スタッフの夕食の説明力、料理提供のタイミングの的確さ、サービスの動きの良さ）は大変良好である	食事のサービス（スタッフの夕食の説明力、料理提供のタイミングの的確さ、サービスの動きの良さ）は概ね良好である	食事のサービスに気になる点がある（スタッフに夕食の説明ができない、料理提供のタイミングが食事のスピードに合っていない、サービスの動きが悪いなど）	プロセス指標
43	オペレーション	清掃	客室の居心地（居室や水回りの清潔さ、備品類の整頓・空気の清々しさ）は良いか？	客室の居心地（居室や水回りの清潔さ、備品類の整頓・空気の清々しさ）は全体的に評価に値する快適さである	客室の居心地（居室や水回りの清潔さ、備品類の整頓・空気の清々しさ）は全体的に一般的なレベルである	客室の居心地において気になる点がある（ゴミやほこり、水回りの汚れや傷み、備品類の乱雑な設置、臭いなど）	プロセス指標
44	オペレーション	清掃	客室の洗面台やバスの水の出は良いか？	客室の洗面台やバスの水の出は快適である	客室の洗面台やバスの水の出において特に不便は生じない	客室の洗面台やバスの水の出が悪い	プロセス指標
45	オペレーション	清掃	パブリックスペースのカーペットや壁は綺麗か？	パブリックスペースのカーペットや壁の汚れ・傷みがなく大変清潔感がある	パブリックスペースのカーペットや壁の汚れ・傷みがない	パブリックスペースのカーペットや壁に汚れ・傷みがある	プロセス指標
46	オペレーション	清掃	大浴場は全般的に清潔に保たれているか？（天井、床、浴槽、カラン周り、脱衣場など）	大浴場は全般的に大変清潔に保たれている	大浴場は全般的に清潔に保たれている	大浴場に汚れや傷みが見られる箇所がある（天井、床、浴槽、カラン周り、脱衣場など）	プロセス指標
47	オペレーション	施設管理	館内の居心地（調度品や備品類の美しさ、照明・空調・空気の清々しさ）は良いか？	館内の居心地（調度品や備品類の美しさ、照明・空調・空気の清々しさ）は全体的に評価に値する快適さである	館内の居心地（調度品や備品類の美しさ、照明・空調・空気の清々しさ）は全体的に一般的なレベルである	館内の居心地において気になる点がある（調度品や備品類の傷み、照明や空調の強弱・空気の淀みなど）	プロセス指標
48	施設	客室	客室の広さと眺望は価格相応か？	客室の広さ・眺望は全般的に価格に比して良い印象である	客室の広さ・眺望は全般的に価格相応の印象である	客室の広さ・眺望は全般的に価格に比して悪い印象である	プロセス指標
49	施設	パブリック	無線LANは使えるか？	無線LANが使えて、使い勝手が良い	無線LANが使える	無線LANが使えない	プロセス指標
50	施設	パブリック	施設全体の内外装等に統一感があるか？	施設全体の内外装等に統一感があり大変心地よい	施設全体の内外装等に統一感がある	施設全体の内外装等に統一感がない	プロセス指標
51	施設	パブリック	ロビーは期待感を与えるか？	ロビーは館の格に合った、期待感を与えるもので大変心地よい	ロビーは館の格に合った、期待感を与えるものである	ロビーが館の格に合っていない	プロセス指標
52	施設	大浴場	大浴場の広さは十分か？	大浴場は十分に広い	大浴場の広さは一般的である	大浴場が狭い	プロセス指標
53	施設	消耗備品類	客室や大浴場の消耗備品類（アメニティ等）は価格相応か？	客室や大浴場の消耗備品類は全般的に価格に比して良い印象である	客室や大浴場の消耗備品類は全般的に価格相応の印象である	客室や大浴場の消耗備品類は全般的に価格に比して悪い印象である	プロセス指標

153

2 「事業性評価票」 旅館（客室30未満）用

項目ID	評価項目			評価基準			(参考)指標分類
	大分類	中分類	詳細	3点(良い)	2点(普通)	1点(悪い)	
1	投資・財務活動	投資	適正な設備投資ができているか？	毎期の設備投資が総売上高の2%以上あり、過去10年に総売上高の10%以上の大規模投資をしている	毎期の設備投資の規模が総売上高の2%以上ある	毎期の設備投資の規模が総売上高の2%に満たない	結果指標
2	投資・財務活動	借入	有利子負債が年商に対して大きすぎないか？	有利子負債対年商倍率※が1倍未満である	有利子負債対年商倍率※が1倍以上2倍未満である	有利子負債対年商倍率※が2倍以上である	結果指標
3	収益力	売上	施設規模に相応しい売上があるか？	1室あたり総売上が1,000万円以上である	1室あたり総売上が700万円以上1,000万円未満である	1室あたり総売上が700万円未満である	結果指標
4	収益力	売上	客室が充分に稼働しているか？	客室稼働率が70%以上である	客室稼働率が50%以上70%未満である	客室稼働率が50%未満である	結果指標
5	収益力	売上	売上の大幅な減少はないか？	直近3年の売上成長率がマイナスでない	直近3年の売上成長率が▲5%以上0%未満である	直近3年の売上成長率が▲5%未満である	結果指標
6	収益力	コスト	料理材料の仕入コストは適正か？	料理材料比率が20%未満である	料理材料比率が20%以上23%未満である	料理材料比率が23%以上である	結果指標
7	収益力	コスト	人件費・外注費は適正か？	人件費比率（外注費含む）が35%未満である	人件費比率（外注費含む）が35%以上40%未満である	人件費比率（外注費含む）が40%以上である	結果指標
8	収益力	コスト	水道光熱費は適正か？	水道光熱費率が7%未満である	水道光熱費率が7%以上9%未満である	水道光熱費率が9%以上である	結果指標
9	収益力	利益	利益率は適正か？	償却前営業利益※率が10%以上である	償却前営業利益※率が5%以上10%未満である	償却前営業利益※率が5%未満である	結果指標
10	経営者	社長の資質	改善に向けた社長の意欲は？	社長に改善への大変強い意欲がある	社長に改善への意欲がみられる	社長に改善への意欲がみられない	プロセス指標
11	経営者	社長の資質	社長自身の経験・知見を意思決定に活かしているか？	社長には自信をもって経営に活かせる充分な経験や知見があり、常にそれに基づき意思決定している	社長は自身の経験や知見に基づき意思決定している	社長は主に他者の進言に基づき意思決定している、または、社の方針決定にあまり関与していない	プロセス指標
12	経営者	社長の資質	社長は従業員とコミュニケーションを取ったり他者の意見に耳を傾けたりするか？	社長は日常から積極的に従業員とコミュニケーションを取ったり他者の意見に耳を傾けたりしている	社長は時々従業員とコミュニケーションを取ったり他者の意見に耳を傾けたりしている	社長が従業員とコミュニケーションを取ったり他者の意見に耳を傾けたりすることはない	プロセス指標
13	経営者	社長の資質	社長は決定事項を浸透させる方策を自ら主体的に講じるか？	会議で決めたことを従業員に浸透させるため、社長が主体的に方策を講じたり、PDCA※を社長が自ら率先して回したりしている	会議で決めたことを従業員に浸透させる意思があるが主体的に具体策を講じることはない、または、他者に命じている	会議で決めたことを従業員に浸透させる方策は特段講じていない	プロセス指標
14	経営者	承継者の有無と資質	経営者としての資質がある承継者はいるか？	承継者がおり、その承継者に経営者としての資質がある	承継者がいるが確実性がない、またはその承継者に経営者としての資質がない	承継者がいない	プロセス指標

154

項目ID	評価項目			評価基準			(参考)指標分類
	大分類	中分類	詳細	3点（良い）	2点（普通）	1点（悪い）	
15	組織	組織体制	売上規模に応じた組織図になっているか？（部門と階層の数が売上規模に相応しいか）	部門の数、階層の数ともに無理・無駄のない組織で、かつ独自の工夫が講じられている	部門の数、階層の数ともに無理・無駄のない一般的な組織である	部門の数や階層の数に無理・無駄がある	プロセス指標
16	組織	組織体制	指示命令系統（報連相）が明確か？従業員が理解しているか？	指示命令系統（報連相）が明確かつ明文化されて従業員に周知されている	指示命令系統（報連相）が明確で従業員が理解している	指示命令系統（報連相）が明確でない	プロセス指標
17	組織	組織体制	経営者と幹部の会議体が機能しているか？	経営者と幹部の会議体があり、経営上の意思決定について議論している	経営者と幹部の会議体があるが、経営上の意思決定が議題に上らない場合もある	経営者と幹部の会議体はない、または、形骸化している	プロセス指標
18	組織	組織体制	各部門のミーティングが毎日開催され、機能しているか？	各部門で毎日ミーティングが開催され、伝達のほか、教育や意見を述べる場として機能している	各部門で毎日ミーティングが開催されている	各部門でのミーティングは不定期である、または開催されていない	プロセス指標
19	組織	人的資源	リーダークラス以上に、主体的に改善に取り組める優秀な従業員がいるか？	主体的に改善に取り組めるリーダークラス以上の従業員がおり、特筆すべき優秀な人材である	主体的に改善に取り組めるリーダークラス以上の従業員がいる	主体性のある従業員はいない	プロセス指標
20	組織	人材管理	従業員のモチベーションを維持向上する人事制度が整っているか？	頑張りを報酬に反映する評価制度（賞与・昇給等）がある	一般的な給与水準があり、福利厚生が整っている	給与水準や福利厚生が一般的な水準を下回る	プロセス指標
21	経営管理	予実管理（全体・売上）	月次決算が速やかにできているか？月次で予実差異分析が行われているか？	試算表が翌月の中旬までに作成され、月次で予実差異分析が行われている	期中に予実差異分析が行われているが、タイミングが遅い（試算表が作成されるのが翌月の中旬以降になる）	期中に予実差異分析が行われていない	プロセス指標
22	経営管理	予実管理（コスト）	主要な費目の動向を管理しているか？（原価、人件費、水道光熱費、修繕費、支払手数料、広告宣伝費など）	主要な費目の増減を把握し、予算と比較した上で、問題があればすぐに対処している	主要な費目の増減を把握している	主要な費目の増減を把握していない	プロセス指標
23	経営管理	予実管理（コスト）	調理場が仕入コストの適正化に取り組めるよう、実際原価率を把握し活用しているか？	実際原価率を把握して月次で調理場と共有し、調理場がそれに基づいてロスや材料費変動を認識して仕入コストの適正化に取り組んでいる	実際原価率を把握して調理場と共有している	実際原価率を調理場と共有していない	プロセス指標
24	経営管理	資金繰り管理	資金繰りの見通しが管理されているか？	向こう半年間の予想資金繰り表が作成されている	資金繰り表が作成されている	資金繰り表が作成されていない	プロセス指標
25	マーケティング	コンセプト	ターゲットは明確か？シーズンごとに設定しているか？	シーズンごとに優先すべきターゲットが明確である	ターゲットが明確であるがシーズンごとの区別はしていない	ターゲットが明確でない	プロセス指標
26	マーケティング	コンセプト	コンセプトは明確か？ターゲットにとって喜ばれるものか？	コンセプトが明確かつターゲットにとって喜ばれるものになっている	コンセプトがあるがターゲットのニーズにマッチしていない	コンセプトが明確でない	プロセス指標
27	マーケティング	プラン造成	プラン造成に独自性があるか？	競合会社にはない独特なプランがある	競合会社並みの、地域性を活かしたプランがある	プランに独自性がない	プロセス指標

155

項目ID	評価項目			評価基準			(参考)指標分類
	大分類	中分類	詳細	3点(良い)	2点(普通)	1点(悪い)	
28	マーケティング	価格戦略	価格戦略があるか？	販売価格にシーズナリティ※を持たせており、売上への影響を把握して価格戦略に反映している	販売価格にシーズナリティ※を持たせている	販売価格のコントロールは実施していない	プロセス指標
29	マーケティング	広告宣伝	自社 HP は広告宣伝媒体として優れているか？	自社 HP は Web サイトとして最新の機能・デザイン・コンテンツを備えており、自社の売りが明確にアピールされている	自社 HP は一般的なコンテンツを備えている（予約機能・プラン情報・施設の特長等）	自社 HP のコンテンツが不十分（予約機能・プラン情報・施設の特長等に欠ける）、または存在しない	プロセス指標
30	マーケティング	販売チャネル管理	販売チャネル別の販売計画があり、予実差異分析が行われているか？	販売チャネル別の販売計画があり、予実差異分析が行われている	販売チャネル別の販売計画が作成されている	販売チャネル別の販売計画は作成されていない	プロセス指標
31	マーケティング	販売チャネル管理	リアルエージェント※への依存度が高くないか？	リアルエージェント※経由の売上構成比率が 40% 未満である	リアルエージェント※経由の売上構成比率が 40% 以上 60% 未満である	リアルエージェント※経由の売上構成比率が 60% 以上である	プロセス指標
32	マーケティング	販売チャネル管理	OTA※（オンライントラベルエージェント）を活用しているか？	OTA※経由の売上構成比率が 25% 以上である	OTA※経由の売上構成比率が 10% 以上 25% 未満である	OTA※経由の売上構成比率が 10% 未満である	プロセス指標
33	オペレーション	仕入	仕入業者に相見積もりを取っているか？	既存品目についても 1 年～数年程度で仕入業者の相見積を取り業者入替を検討している	新たな仕入品目の仕入業者選定にあたっては相見積を取っている	新たな仕入品目の仕入業者選定の際も相見積を取ることはない	プロセス指標
34	オペレーション	仕入	仕入を調理場に任せず、経理や用度※が関わっているか？	日常の仕入に経理や用度※が関わっている	日常の仕入は調理場が行うが、契約行為（新規仕入先との契約、既存業者との基本契約の更新等）には経理や用度※が関わっている	仕入は全て調理場の判断で行っている	プロセス指標
35	オペレーション	調理	夕食の質はどうか？（季節感・地の食材の活用・味付け・目を引く盛り付け・料理を引き立てる器）	夕食は大変良好である（季節感・地の食材の活用・味付け・目を引く盛り付け・料理を引き立てる器）	夕食は概ね良好である（季節感・地の食材の活用・味付け・目を引く盛り付け・料理を引き立てる器）	夕食に気になる点がある（季節感がない・地の食材がない・味付けが悪い・盛り付けや器が凡庸など）	プロセス指標
36	オペレーション	調理	朝食の質はどうか？（季節感・地の食材の活用・味付け）	朝食は大変良好である（季節感・地の食材の活用・味付け）	朝食は概ね良好である（季節感・地の食材の活用・味付け）	朝食に気になる点がある（季節感がない・地の食材がない・味付けが悪いなど）	プロセス指標
37	オペレーション	調理	ご飯や味噌汁、漬け物が美味しいか？	ご飯や味噌汁、漬け物に特にこだわりがある	ご飯や味噌汁、漬け物が美味しい	ご飯や味噌汁、漬け物は凡庸である	プロセス指標
38	オペレーション	サービス	スタッフのサービスレベルはどうか？（言葉遣い・挨拶・笑顔・親しみ・気配り）	スタッフのサービスレベル（言葉遣い・挨拶・笑顔・親しみ・気配り）は大変良好である	スタッフのサービスレベル（言葉遣い・挨拶・笑顔・親しみ・気配り）は概ね良好である	スタッフのサービスに気になる点がある（言葉遣いが悪い・挨拶ができていない・笑顔や親しみや気配りがなく事務的など）	プロセス指標

項目ID	評価項目			評価基準			(参考)指標分類
	大分類	中分類	詳細	3点（良い）	2点（普通）	1点（悪い）	
39	オペレーション	サービス	フロントの対応はどうか？（案内や説明の的確さ、要望に真摯に対応する姿勢、フロントが受けた要望の他部署への伝達）	フロントの対応（案内や説明の的確さ、要望に真摯に対応する姿勢、フロントが受けた要望の他部署への伝達）は大変良好である	フロントの対応（案内や説明の的確さ、要望に真摯に対応する姿勢、フロントが受けた要望の他部署への伝達）は概ね良好である	フロントの対応に気になる点がある（案内や説明が分かりにくい、要望に真摯に答えない、フロントが受けた要望が他部署へ伝わっていない、など）	プロセス指標
40	オペレーション	サービス	食事のサービスはどうか？（スタッフの夕食の説明力、料理提供のタイミングの的確さ、サービスの動きの良さ）	食事のサービス（スタッフの夕食の説明力、料理提供のタイミングの的確さ、サービスの動きの良さ）は大変良好である	食事のサービス（スタッフの夕食の説明力、料理提供のタイミングの的確さ、サービスの動きの良さ）は概ね良好である	食事のサービスに気になる点がある（スタッフに夕食の説明ができない、料理提供のタイミングが食事のスピードに合っていない、サービスの動きが悪いなど）	プロセス指標
41	オペレーション	清掃	客室の居心地（居室や水回りの清潔さ、備品類の整頓・空気の清々しさ）は良いか？	客室の居心地（居室や水回りの清潔さ、備品類の整頓・空気の清々しさ）は全体的に評価に値する快適である	客室の居心地（居室や水回りの清潔さ、備品類の整頓・空気の清々しさ）は全体的に一般的なレベルである	客室の居心地において気になる点がある（ゴミやほこり、水回りの汚れや傷み、備品類の乱雑な設置、臭いなど）	プロセス指標
42	オペレーション	清掃	客室の洗面台やバスの水の出は良いか？	客室の洗面台やバスの水の出は快適である	客室の洗面台やバスの水の出において特に不便は生じない	客室の洗面台やバスの水の出が悪い	プロセス指標
43	オペレーション	清掃	パブリックスペースのカーペットや壁は綺麗か？	パブリックスペースのカーペットや壁の汚れ・傷みがなく大変清潔感がある	パブリックスペースのカーペットや壁の汚れ・傷みがない	パブリックスペースのカーペットや壁に汚れ・傷みがある	プロセス指標
44	オペレーション	清掃	大浴場は全般的に清潔に保たれているか？（天井、床、浴槽、カラン周り、脱衣場など）	大浴場は全般的に大変清潔に保たれている	大浴場は全般的に清潔に保たれている	大浴場に汚れや傷みが見られる箇所がある（天井、床、浴槽、カラン周り、脱衣場など）	プロセス指標
45	オペレーション	施設管理	館内の居心地（調度品や備品類の美しさ、照明・空調・空気の清々しさ）は良いか？	館内の居心地（調度品や備品類の美しさ、照明・空調・空気の清々しさ）は全体的に評価に値する快適さである	館内の居心地（調度品や備品類の美しさ、照明・空調・空気の清々しさ）は全体的に一般的なレベルである	館内の居心地において気になる点がある（調度品や備品類の傷み、照明や空調の強弱・空気の淀みなど）	プロセス指標
46	施設	客室	客室の広さと眺望は価格相応か？	客室の広さ・眺望は全般的に価格に比して良い印象である	客室の広さ・眺望は全般的に価格相応の印象である	客室の広さ・眺望は全般的に価格に比して悪い印象である	プロセス指標
47	施設	パブリック	無線 LAN は使えるか？	無線 LAN が使えて、使い勝手が良い	無線 LAN が使える	無線 LAN が使えない	プロセス指標
48	施設	パブリック	施設全体の内外装等に統一感があるか？	施設全体の内外装等に統一感があり大変心地よい	施設全体の内外装等に統一感がある	施設全体の内外装等に統一感がない	プロセス指標
49	施設	パブリック	ロビーは期待感を与えるか？	ロビーは館の格に合った、期待感を与えるもので大変心地よい	ロビーは館の格に合った、期待感を与えるものである	ロビーが館の格に合っていない	プロセス指標
50	施設	大浴場	大浴場の広さは十分か？	大浴場は十分に広い	大浴場の広さは一般的である	大浴場が狭い	プロセス指標
51	施設	消耗備品類	客室や大浴場の消耗備品類（アメニティ等）は価格相応か？	客室や大浴場の消耗備品類は全般的に価格に比して良い印象である	客室や大浴場の消耗備品類は全般的に価格相応の印象である	客室や大浴場の消耗備品類は全般的に価格に比して悪い印象である	プロセス指標

3 「事業性評価票」 ビジネスホテル用

項目ID	評価項目			評価基準			(参考)指標分類
	大分類	中分類	詳細	3点(良い)	2点(普通)	1点(悪い)	
1	投資・財務活動	投資	適正な設備投資ができているか？	毎期の設備投資が総売上高の2%以上あり、過去10年に総売上高の10%以上の大規模投資をしている	毎期の設備投資の規模が総売上高の2%以上ある	毎期の設備投資の規模が総売上高の2%に満たない	結果指標
2	投資・財務活動	借入	有利子負債が年商に対して大きすぎないか？	有利子負債対年商倍率※が1倍未満である	有利子負債対年商倍率※が1倍以上2倍未満である	有利子負債対年商倍率※が2倍以上である	結果指標
3	収益力	売上	施設規模に相応しい売上があるか？	1室あたり総売上が1,000万円以上である	1室あたり総売上が700万円以上1,000万円未満である	1室あたり総売上が700万円未満である	結果指標
4	収益力	売上	客室が充分に稼働しているか？	客室稼働率が80%以上である	客室稼働率が60%以上80%未満である	客室稼働率が60%未満である	結果指標
5	収益力	売上	売上の大幅な減少はないか？	直近3年の売上成長率がマイナスでない	直近3年の売上成長率が▲5%以上0%未満である	直近3年の売上成長率が▲5%未満である	結果指標
6	収益力	コスト	人件費・外注費は適正か？	人件費比率（外注費含む）が30%未満である	人件費比率（外注費含む）が30%以上35%未満である	人件費比率（外注費含む）が35%以上である	結果指標
7	収益力	コスト	水道光熱費は適正か？	水道光熱費率が7%未満である	水道光熱費率が7%以上9%未満である	水道光熱費率が9%以上である	結果指標
8	収益力	利益	利益率は適正か？	償却前営業利益※率が30%以上である	償却前営業利益※率が15%以上30%未満である	償却前営業利益※率が15%未満である	結果指標
9	経営者	社長の資質	改善に向けた社長の意欲は？	社長に改善への大変強い意欲がある	社長に改善への意欲がみられる	社長に改善への意欲がみられない	プロセス指標
10	経営者	社長の資質	社長自身の経験・知見を意思決定に活かしているか？	社長には自信をもって経営に活かせる充分な経験や知見があり、常にそれに基づき意思決定している	社長は自身の経験や知見に基づき意思決定している	社長は主に他者の進言に基づき意思決定している、または、社の方針決定にあまり関与していない	プロセス指標
11	経営者	社長の資質	社長は従業員とコミュニケーションを取ったり他者の意見に耳を傾けたりするか？	社長は日常から積極的に従業員とコミュニケーションを取ったり他者の意見に耳を傾けたりしている	社長は時々従業員とコミュニケーションを取ったり他者の意見に耳を傾けたりしている	社長が従業員とコミュニケーションを取ったり他者の意見に耳を傾けたりすることはない	プロセス指標
12	経営者	社長の資質	社長は決定事項を浸透させる方策を自ら主体的に講じるか？	会議で決めたことを従業員に浸透させるため、社長が主体的に方策を講じたり、PDCA※を社長が自ら率先して回したりしている	会議で決めたことを従業員に浸透させる意思があるが主体的に具体策を講じることはない、または、他者に命じている	会議で決めたことを従業員に浸透させる方策は特段講じていない	プロセス指標
13	経営者	承継者の有無と資質	経営者としての資質がある承継者はいるか？	承継者がおり、その承継者に経営者としての資質がある	承継者がいるが確実性がない、またはその承継者に経営者としての資質がない	承継者がいない	プロセス指標
14	組織	組織体制	売上規模に応じた組織図になっているか？（部門と階層の数が売上規模に相応しいか）	部門の数、階層の数ともに無理・無駄のない組織で、かつ独自の工夫が講じられている	部門の数、階層の数ともに無理・無駄のない一般的な組織である	部門の数や階層の数に無理・無駄がある	プロセス指標

項目ID	評価項目			評価基準			(参考)指標分類
	大分類	中分類	詳細	3点（良い）	2点（普通）	1点（悪い）	
15	組織	組織体制	部門長の役割と機能が明確か？明文化されているか？	部門長の役割と機能が明確かつ明文化されている	部門長の役割と機能が明確である	部門長の役割と機能が明確でない	プロセス指標
16	組織	組織体制	指示命令系統（報連相）が明確か？従業員が理解しているか？	指示命令系統（報連相）が明確かつ明文化されて従業員に周知されている	指示命令系統（報連相）が明確で従業員が理解している	指示命令系統（報連相）が明確でない	プロセス指標
17	組織	組織体制	経営者と幹部の会議体が機能しているか？	経営者と幹部の会議体があり、経営上の意思決定について議論している	経営者と幹部の会議体があるが、経営上の意思決定が議題に上らない場合もある	経営者と幹部の会議体はない、または、形骸化している	プロセス指標
18	組織	組織体制	各部門のミーティングが毎日開催され、機能しているか？	各部門で毎日ミーティングが開催され、伝達のほか、教育や意見を述べる場として機能している	各部門で毎日ミーティングが開催されている	各部門でのミーティングは不定期である、または開催されていない	プロセス指標
19	組織	人的資源	部門長にマネジメントスキル・人望があるか？	複数の部門長にマネジメントスキルがあり、部下とのコミュニケーション能力も高く人望が厚い	一定のマネジメントスキルをもつ部門長がいる	一定のマネジメントスキルをもつ部門長がいない	プロセス指標
20	組織	人的資源	リーダークラス以上に、主体的に改善に取り組める優秀な従業員がいるか？	主体的に改善に取り組めるリーダークラス以上の従業員がおり、特筆すべき優秀な人材である	主体的に改善に取り組めるリーダークラス以上の従業員がいる	主体性のある従業員はいない	プロセス指標
21	組織	人材管理	従業員のモチベーションを維持向上する人事制度が整っているか？	頑張りを報酬に反映する評価制度（賞与・昇給等）がある	一般的な給与水準があり、福利厚生が整っている	給与水準や福利厚生が一般的な水準を下回る	プロセス指標
22	経営管理	予実管理（全体・売上）	月次決算が速やかにできているか？月次で予実差異分析が行われ、幹部が活用しているか？	試算表が翌月の中旬までに作成され、月次で予実差異分析が行われて幹部が方策の検討に活用している	期中に予実差異分析が行われ幹部が方策の検討に活用しているが、タイミングが遅い（試算表が作成されるのが翌月の中旬以降になる）	期中に予実差異分析が行われていない（もしくは、幹部が活用していない）	プロセス指標
23	経営管理	予実管理（コスト）	主要な費目の動向を管理しているか？（原価、人件費、水道光熱費、修繕費、支払手数料、広告宣伝費など）	主要な費目の増減を把握し、予算と比較した上で、問題があればすぐに対処している	主要な費目の増減を把握している	主要な費目の増減を把握していない	プロセス指標
24	経営管理	資金繰り管理	資金繰りの見通しが管理されているか？	向こう半年間の予想資金繰り表が作成されている	資金繰り表が作成されている	資金繰り表が作成されていない	プロセス指標
25	マーケティング	コンセプト	ターゲットは明確か？シーズンごとに設定しているか？	シーズンごとに優先すべきターゲットが明確である	ターゲットが明確であるがシーズンごとの区別はしていない	ターゲットが明確でない	プロセス指標
26	マーケティング	コンセプト	コンセプトは明確か？ターゲットにとって喜ばれるものか？	コンセプトが明確かつターゲットにとって喜ばれるものになっている	コンセプトがあるがターゲットのニーズにマッチしていない	コンセプトが明確でない	プロセス指標
27	マーケティング	プラン造成	プラン造成に独自性があるか？	競合会社にはない独特なプランがある	競合会社並みの、地域性を活かしたプランがある	プランに独自性がない	プロセス指標
28	マーケティング	価格戦略	価格戦略があるか？	イールドマネジメント※を実施しており厳密に価格をコントロールしている	イールドマネジメント※を実施している	イールドマネジメント※を実施していない	プロセス指標

項目ID	評価項目			評価基準			(参考)指標分類
	大分類	中分類	詳細	3点（良い）	2点（普通）	1点（悪い）	
29	マーケティング	広告宣伝	自社 HP は広告宣伝媒体として優れているか？	自社 HP は Web サイトとして最新の機能・デザイン・コンテンツを備えており、自社の売りが明確にアピールされている	自社 HP は一般的なコンテンツを備えている（予約機能・プラン情報・施設の特長等）	自社 HP のコンテンツが不十分（予約機能・プラン情報・施設の特長等に欠ける）、または存在しない	プロセス指標
30	マーケティング	販売チャネル管理	販売チャネル別の販売計画があり、予実差異分析が行われているか？	販売チャネル別の販売計画があり、予実差異分析が行われている	販売チャネル別の販売計画が作成されている	販売チャネル別の販売計画は作成されていない	プロセス指標
31	マーケティング	販売チャネル管理	リアルエージェント※への依存度が高くないか？	リアルエージェント※経由の売上構成比率が 40% 未満である	リアルエージェント※経由の売上構成比率が 40% 以上 60% 未満である	リアルエージェント※経由の売上構成比率が 60% 以上である	プロセス指標
32	マーケティング	販売チャネル管理	OTA※（オンライントラベルエージェント）を活用しているか？	OTA※経由の売上構成比率が 25% 以上である	OTA※経由の売上構成比率が 10% 以上 25% 未満である	OTA※経由の売上構成比率が 10% 未満である	プロセス指標
33	オペレーション	仕入	仕入業者に相見積もりを取っているか？	既存品目についても 1 年～数年程度で仕入業者の相見積を取り業者入替を検討している	新たな仕入品目の仕入業者選定にあたっては相見積を取っている	新たな仕入品目の仕入業者選定の際も相見積を取ることはない	プロセス指標
34	オペレーション	調理	朝食の質はどうか？（季節感・地の食材の活用・味付け）	朝食は大変良好である（季節感・地の食材の活用・味付け）	朝食は概ね良好である（季節感・地の食材の活用・味付け）	朝食に気になる点がある（季節感がない・地の食材がない・味付けが悪いなど）	プロセス指標
35	オペレーション	調理	ご飯や味噌汁、漬け物が美味しいか？	ご飯や味噌汁、漬け物に特にこだわりがある	ご飯や味噌汁、漬け物が美味しい	ご飯や味噌汁、漬け物は凡庸である	プロセス指標
36	オペレーション	サービス	スタッフのサービスレベルはどうか？（言葉遣い・挨拶・笑顔・親しみ・気配り）	スタッフのサービスレベル（言葉遣い・挨拶・笑顔・親しみ・気配り）は大変良好である	スタッフのサービスレベル（言葉遣い・挨拶・笑顔・親しみ・気配り）は概ね良好である	スタッフのサービスに気になる点がある（言葉遣いが悪い・挨拶ができていない・笑顔や親しみや気配りがなく事務的など）	プロセス指標
37	オペレーション	サービス	フロントの対応はどうか？（案内や説明の的確さ、要望に真摯に対応する姿勢、フロントが受けた要望の他部署への伝達）	フロントの対応（案内や説明の的確さ、要望に真摯に対応する姿勢、フロントが受けた要望の他部署への伝達）は大変良好である	フロントの対応（案内や説明の的確さ、要望に真摯に対応する姿勢、フロントが受けた要望の他部署への伝達）は概ね良好である	フロントの対応に気になる点がある（案内や説明が分かりにくい、要望に真摯に答えない、フロントが受けた要望が他部署へ伝わっていない、など）	プロセス指標
38	オペレーション	清掃	客室の居心地（居室や水回りの清潔さ、備品類の整頓・空気の清々しさ）は良いか？	客室の居心地（居室や水回りの清潔さ、備品類の整頓・空気の清々しさ）は全体的に評価に値する快適さである	客室の居心地（居室や水回りの清潔さ、備品類の整頓・空気の清々しさ）は全体的に一般的なレベルである	客室の居心地において気になる点がある（ゴミやほこり、水回りの汚れや傷み、備品類の乱雑な設置、臭いなど）	プロセス指標
39	オペレーション	清掃	客室の洗面台やバスの水の出は良いか？	客室の洗面台やバスの水の出は快適である	客室の洗面台やバスの水の出において特に不便は生じない	客室の洗面台やバスの水の出が悪い	プロセス指標
40	オペレーション	清掃	パブリックスペースのカーペットや壁、トイレは綺麗か？	パブリックスペースのカーペットや壁、トイレに、汚れ・傷みがなく大変清潔に保たれている	パブリックスペースのカーペットや壁、トイレに、汚れ・傷みがない	パブリックスペースのカーペットや壁、トイレに、汚れ・傷みが見られる箇所がある	プロセス指標

項目ID	評価項目			評価基準			(参考)指標分類
	大分類	中分類	詳細	3点（良い）	2点（普通）	1点（悪い）	
41	オペレーション	施設管理	館内の居心地（調度品や備品類の美しさ、照明・空調・空気の清々しさ）は良いか？	館内の居心地（調度品や備品類の美しさ、照明・空調・空気の清々しさ）は全体的に評価に値する快適さである	館内の居心地（調度品や備品類の美しさ、照明・空調・空気の清々しさ）は全体的に一般的なレベルである	館内の居心地において気になる点がある（調度品や備品類の傷み、照明や空調の強弱・空気の淀みなど）	プロセス指標
42	施設	客室	客室の広さと眺望は価格相応か？	客室の広さ・眺望は全般的に価格に比して良い印象である	客室の広さ・眺望は全般的に価格相応の印象である	客室の広さ・眺望は全般的に価格に比して悪い印象である	プロセス指標
43	施設	パブリック	無線LANは使えるか？	無線LANが使えて、使い勝手が良い	無線LANが使える	無線LANが使えない	プロセス指標
44	施設	パブリック	施設全体の内外装等に統一感があるか？	施設全体の内外装等に統一感があり大変心地よい	施設全体の内外装等に統一感がある	施設全体の内外装等に統一感がない	プロセス指標
45	施設	パブリック	ロビーは期待感を与えるか？	ロビーは館の格に合った、期待感を与えるもので大変心地よい	ロビーは館の格に合った、期待感を与えるものである	ロビーが館の格に合っていない	プロセス指標
46	施設	消耗備品類	客室の消耗備品類（アメニティやベッドカバー等）は価格相応か？	客室の消耗備品類は全般的に価格に比して良い印象である	客室の消耗備品類は全般的に価格相応の印象である	客室の消耗備品類は全般的に価格に比して悪い印象である。もしくはベッドカバーがデュベ※でない	プロセス指標

4 「事業性評価票」 シティホテル・リゾートホテル用

項目ID	評価項目			評価基準			(参考)指標分類
	大分類	中分類	詳細	3点 (良い)	2点 (普通)	1点 (悪い)	
1	投資・財務活動	投資	適正な設備投資ができているか？	毎期の設備投資が総売上高の2%以上あり、過去10年に総売上高の10%以上の大規模投資をしている	毎期の設備投資の規模が総売上高の2%以上ある	毎期の設備投資の規模が総売上高の2%に満たない	結果指標
2	投資・財務活動	借入	有利子負債が年商に対して大きすぎないか？	有利子負債対年商倍率※が1倍未満である	有利子負債対年商倍率※が1倍以上2倍未満である	有利子負債対年商倍率※が2倍以上である	結果指標
3	収益力	売上	施設規模に相応しい売上があるか？	1室あたり総売上が1,500万円以上である	1室あたり総売上が1,000万円以上1,500万円未満である	1室あたり総売上が1,000万円未満である	結果指標
4	収益力	売上	客室が充分に稼働しているか？	客室稼働率が70%以上である	客室稼働率が50%以上70%未満である	客室稼働率が50%未満である	結果指標
5	収益力	売上	売上の大幅な減少はないか？	直近3年の売上成長率がマイナスでない	直近3年の売上成長率が▲5%以上0%未満である	直近3年の売上成長率が▲5%未満である	結果指標
6	収益力	コスト	料飲部門の原価率は適正か？	料飲部門原価率が30%未満である	料飲部門原価率が30%以上35%未満である	料飲部門原価率が35%以上である	結果指標
7	収益力	コスト	人件費・外注費は適正か？	人件費比率(外注費含む)が30%未満である	人件費比率(外注費含む)が30%以上35%未満である	人件費比率(外注費含む)が35%以上である	結果指標
8	収益力	コスト	水道光熱費は適正か？	水道光熱費率が5%未満である	水道光熱費率が5%以上7%未満である	水道光熱費率が7%以上である	結果指標
9	収益力	利益	利益率は適正か？	償却前営業利益※率が15%以上である	償却前営業利益※率が5%以上15%未満である	償却前営業利益※率が5%未満である	結果指標
10	経営者	社長の資質	改善に向けた社長の意欲は？	社長に改善への大変強い意欲がある	社長に改善への意欲がみられる	社長に改善への意欲がみられない	プロセス指標
11	経営者	社長の資質	社長自身の経験・知見を意思決定に活かしているか？	社長には自信をもって経営に活かせる充分な経験や知見があり、常にそれに基づき意思決定している	社長は自身の経験や知見に基づき意思決定している	社長は主に他者の進言に基づき意思決定している、または、社の方針決定にあまり関与していない	プロセス指標
12	経営者	社長の資質	社長は従業員とコミュニケーションを取ったり他者の意見に耳を傾けたりするか？	社長は日常から積極的に従業員とコミュニケーションを取ったり他者の意見に耳を傾けたりしている	社長は時々従業員とコミュニケーションを取ったり他者の意見に耳を傾けたりしている	社長が従業員とコミュニケーションを取ったり他者の意見に耳を傾けたりすることはない	プロセス指標
13	経営者	社長の資質	社長は決定事項を浸透させる方策を自ら主体的に講じるか？	会議で決めたことを従業員に浸透させるため、社長が主体的に方策を講じたり、PDCA※を社長が自ら率先して回したりしている	会議で決めたことを従業員に浸透させる意思があるが主体的に具体策を講じることはない、または、他者に命じている	会議で決めたことを従業員に浸透させる方策は特段講じていない	プロセス指標
14	経営者	承継者の有無と資質	経営者としての資質がある承継者はいるか？	承継者がおり、その承継者に経営者としての資質がある	承継者がいるが確実性がない、またはその承継者に経営者としての資質がない	承継者がいない	プロセス指標

項目ID	評価項目			評価基準			(参考)指標分類
	大分類	中分類	詳細	3点（良い）	2点（普通）	1点（悪い）	
15	組織	組織体制	売上規模に応じた組織図になっているか？（部門と階層の数が売上規模に相応しいか）	部門の数、階層の数ともに無理・無駄のない組織で、かつ独自の工夫が講じられている	部門の数、階層の数ともに無理・無駄のない一般的な組織である	部門の数や階層の数に無理・無駄がある	プロセス指標
16	組織	組織体制	部門長の役割と機能が明確か？明文化されているか？	部門長の役割と機能が明確かつ明文化されている	部門長の役割と機能が明確である	部門長の役割と機能が明確でない	プロセス指標
17	組織	組織体制	指示命令系統（報連相）が明確か？従業員が理解しているか？	指示命令系統（報連相）が明確かつ明文化されて従業員に周知されている	指示命令系統（報連相）が明確で従業員が理解している	指示命令系統（報連相）が明確でない	プロセス指標
18	組織	組織体制	経営者と幹部の会議体が機能しているか？	経営者と幹部の会議体があり、経営上の意思決定について議論している	経営者と幹部の会議体があるが、経営上の意思決定が議題に上らない場合もある	経営者と幹部の会議体はない、または、形骸化している	プロセス指標
19	組織	組織体制	各部門のミーティングが毎日開催され、機能しているか？	各部門で毎日ミーティングが開催され、伝達のほか、教育や意見を述べる場として機能している	各部門で毎日ミーティングが開催されている	各部門でのミーティングは不定期である、または開催されていない	プロセス指標
20	組織	人的資源	部門長にマネジメントスキル・人望があるか？	複数の部門長にマネジメントスキルがあり、部下とのコミュニケーション能力も高く人望が厚い	一定のマネジメントスキルをもつ部門長がいる	一定のマネジメントスキルをもつ部門長がいない	プロセス指標
21	組織	人的資源	リーダークラス以上に、主体的に改善に取り組める優秀な従業員がいるか？	主体的に改善に取り組めるリーダークラス以上の従業員がおり、特筆すべき優秀な人材である	主体的に改善に取り組めるリーダークラス以上の従業員がいる	主体性のある従業員はいない	プロセス指標
22	組織	人材管理	従業員のモチベーションを維持向上する人事制度が整っているか？	頑張りを報酬に反映する評価制度（賞与・昇給等）がある	一般的な給与水準があり、福利厚生が整っている	給与水準や福利厚生が一般的な水準を下回る	プロセス指標
23	経営管理	予実管理（全体・売上）	月次決算（部門別）が速やかにできているか？月次で予実差異分析が行われ、幹部が活用しているか？	試算表（部門別）が翌月の中旬までに作成され、月次で予実差異分析が行われて幹部が方策の検討に活用している	期中に予実差異分析が行われて幹部が方策の検討に活用しているが、タイミングが遅い（試算表（部門別）が作成されるのが翌月の中旬以降になる）	期中に予実差異分析が行われていないか、不十分である（幹部が活用していない、部門別損益が把握されていない　など）	プロセス指標
24	経営管理	予実管理（コスト）	主要な費目の動向を管理しているか？（原価、人件費、水道光熱費、修繕費、支払手数料、広告宣伝費など）	主要な費目の増減を把握し、予算と比較した上で、問題があればすぐに対処している	主要な費目の増減を把握している	主要な費目の増減を把握していない	プロセス指標
25	経営管理	予実管理（コスト）	キッチンが仕入コストの適正化に取り組めるよう、実際原価率を把握し活用しているか？	実際原価率を把握して月次でキッチンと共有し、キッチンがそれに基づいてロスや材料費変動を認識して仕入コストの適正化に取り組んでいる	実際原価率を把握してキッチンと共有している	実際原価率をキッチンと共有していない	プロセス指標
26	経営管理	資金繰り管理	資金繰りの見通しが管理されているか？	向こう半年間の予想資金繰り表が作成されている	資金繰り表が作成されている	資金繰り表が作成されていない	プロセス指標

項目ID	評価項目			評価基準			(参考)指標分類
	大分類	中分類	詳細	3点(良い)	2点(普通)	1点(悪い)	
27	マーケティング	コンセプト	ターゲットは明確か？部門ごとに設定しているか？	部門ごとに優先すべきターゲットが明確である	ターゲットが明確であるが部門ごとの区別はしていない	ターゲットが明確でない	プロセス指標
28	マーケティング	コンセプト	コンセプトは明確か？ターゲットにとって喜ばれるものか？	コンセプトが明確かつターゲットにとって喜ばれるものになっている	コンセプトがあるがターゲットのニーズにマッチしていない	コンセプトが明確でない	プロセス指標
29	マーケティング	プラン造成	プラン造成に独自性があるか？	競合会社にはない独特なプランがある	競合会社並みの、地域性を活かしたプランがある	プランに独自性がない	プロセス指標
30	マーケティング	価格戦略	価格戦略があるか？	イールドマネジメント※を実施しており厳密に価格をコントロールしている	イールドマネジメント※を実施している	イールドマネジメント※を実施していない	プロセス指標
31	マーケティング	広告宣伝	自社HPは広告宣伝媒体として優れているか？	自社HPはWebサイトとして最新の機能・デザイン・コンテンツを備えており、自社の売りが明確にアピールされている	自社HPは一般的なコンテンツを備えている（予約機能・プラン情報・施設の特長等）	自社HPのコンテンツが不十分（予約機能・プラン情報・施設の特長等に欠ける）、または存在しない	プロセス指標
32	マーケティング	販売チャネル管理	販売チャネル別・部門別・主要顧客セグメント別の販売計画があり、予実差異分析が行われているか？	販売チャネル別・部門別・主要顧客セグメント別の販売計画があり、予実差異分析が行われている	販売チャネル別・部門別・主要顧客セグメント別の販売計画が作成されている	販売チャネル別・部門別・主要顧客セグメント別の販売計画は作成されていない	プロセス指標
33	マーケティング	販売チャネル管理	リアルエージェント※への依存度が高くないか？	リアルエージェント※経由の売上構成比率が40%未満である	リアルエージェント※経由の売上構成比率が40%以上60%未満である	リアルエージェント※経由の売上構成比率が60%以上である	プロセス指標
34	マーケティング	販売チャネル管理	OTA※（オンライントラベルエージェント）を活用しているか？	OTA※経由の売上構成比率が25%以上である	OTA※経由の売上構成比率が10%以上25%未満である	OTA※経由の売上構成比率が10%未満である	プロセス指標
35	オペレーション	仕入	仕入業者に相見積もりを取っているか？	既存品目についても1年〜数年程度で仕入業者の相見積を取り業者入替を検討している	新たな仕入品目の仕入業者選定にあたっては相見積を取っている	新たな仕入品目の仕入業者選定の際も相見積を取ることはない	プロセス指標
36	オペレーション	仕入	仕入を調理場に任せず、経理や用度※が関わっているか？	日常の仕入に経理や用度※が関わっている	日常の仕入は調理場が行うが、契約行為（新規仕入先との契約、既存業者との基本契約の更新等）には経理や用度※が関わっている	仕入は全て調理場の判断で行っている	プロセス指標
37	オペレーション	調理	夕食の質はどうか？（季節感・地の食材の活用・味付け・目を引く盛り付け・料理を引き立てる器）	夕食は大変良好である（季節感・地の食材の活用・味付け・目を引く盛り付け・料理を引き立てる器）	夕食は概ね良好である（季節感・地の食材の活用・味付け・目を引く盛り付け・料理を引き立てる器）	夕食に気になる点がある（季節感がない・地の食材がない・味付けが悪い・盛り付けや器が凡庸など）	プロセス指標
38	オペレーション	調理	朝食の質はどうか？（季節感・地の食材の活用・味付け）	朝食は大変良好である（季節感・地の食材の活用・味付け）	朝食は概ね良好である（季節感・地の食材の活用・味付け）	朝食に気になる点がある（季節感がない・地の食材がない・味付けが悪いなど）	プロセス指標
39	オペレーション	調理	ご飯や味噌汁、漬け物が美味しいか？	ご飯や味噌汁、漬け物に特にこだわりがある	ご飯や味噌汁、漬け物が美味しい	ご飯や味噌汁、漬け物は凡庸である	プロセス指標

項目ID	評価項目			評価基準			(参考)指標分類
	大分類	中分類	詳細	3点（良い）	2点（普通）	1点（悪い）	
40	オペレーション	サービス	スタッフのサービスレベルはどうか？（言葉遣い・挨拶・笑顔・親しみ・気配り）	スタッフのサービスレベル（言葉遣い・挨拶・笑顔・親しみ・気配り）は大変良好である	スタッフのサービスレベル（言葉遣い・挨拶・笑顔・親しみ・気配り）は概ね良好である	スタッフのサービスに気になる点がある（言葉遣いが悪い・挨拶ができていない・笑顔や親しみや気配りがなく事務的など）	プロセス指標
41	オペレーション	サービス	フロントの対応はどうか？（案内や説明の的確さ、要望に真摯に対応する姿勢、フロントが受けた要望の他部署への伝達）	フロントの対応（案内や説明の的確さ、要望に真摯に対応する姿勢、フロントが受けた要望の他部署への伝達）は大変良好である	フロントの対応（案内や説明の的確さ、要望に真摯に対応する姿勢、フロントが受けた要望の他部署への伝達）は概ね良好である	フロントの対応に気になる点がある（案内や説明が分かりにくい、要望に真摯に答えない、フロントが受けた要望が他部署へ伝わっていない、など）	プロセス指標
42	オペレーション	サービス	食事のサービスはどうか？（スタッフの夕食の説明力、料理提供のタイミングの的確さ、サービスの動きの良さ）	食事のサービス（スタッフの夕食の説明力、料理提供のタイミングの的確さ、サービスの動きの良さ）は大変良好である	食事のサービス（スタッフの夕食の説明力、料理提供のタイミングの的確さ、サービスの動きの良さ）は概ね良好である	食事のサービスに気になる点がある（スタッフに夕食の説明ができない、料理提供のタイミングが食事のスピードに合っていない、サービスの動きが悪いなど）	プロセス指標
43	オペレーション	清掃	客室の居心地（居室や水回りの清潔さ、備品類の整頓・空気の清々しさ）は良いか？	客室の居心地（居室や水回りの清潔さ、備品類の整頓・空気の清々しさ）は全体的に評価に値する快適さである	客室の居心地（居室や水回りの清潔さ、備品類の整頓・空気の清々しさ）は全体的に一般的なレベルである	客室の居心地において気になる点がある（ゴミやほこり、水回りの汚れや傷み、備品類の乱雑な設置、臭いなど）	プロセス指標
44	オペレーション	清掃	客室の洗面台やバスの水の出は良いか？	客室の洗面台やバスの水の出は快適である	客室の洗面台やバスの水の出において特に不便は生じない	客室の洗面台やバスの水の出が悪い	プロセス指標
45	オペレーション	清掃	パブリックスペースのカーペットや壁、トイレは綺麗か？	パブリックスペースのカーペットや壁、トイレに、汚れ・傷みがなく大変清潔に保たれている	パブリックスペースのカーペットや壁、トイレに、汚れ・傷みがない	パブリックスペースのカーペットや壁、トイレに、汚れ・傷みが見られる箇所がある	プロセス指標
46	オペレーション	施設管理	館内の居心地（調度品や備品類の美しさ、照明・空調・空気の清々しさ）は良いか？	館内の居心地（調度品や備品類の美しさ、照明・空調・空気の清々しさ）は全体的に評価に値する快適さである	館内の居心地（調度品や備品類の美しさ、照明・空調・空気の清々しさ）は全体的に一般的なレベルである	館内の居心地において気になる点がある（調度品や備品類の傷み、照明や空調の強弱・空気の淀みなど）	プロセス指標
47	施設	客室	客室の広さと眺望は価格相応か？	客室の広さ・眺望は全般的に価格に比して良い印象である	客室の広さ・眺望は全般的に価格相応の印象である	客室の広さ・眺望は全般的に価格に比して悪い印象である	プロセス指標
48	施設	パブリック	無線LANは使えるか？	無線LANが使えて、使い勝手が良い	無線LANが使える	無線LANが使えない	プロセス指標
49	施設	パブリック	施設全体の内外装等に統一感があるか？	施設全体の内外装等に統一感があり大変心地よい	施設全体の内外装等に統一感がある	施設全体の内外装等に統一感がない	プロセス指標
50	施設	パブリック	ロビーは期待感を与えるか？	ロビーは館の格に合った、期待感を与えるもので大変心地よい	ロビーは館の格に合った、期待感を与えるものである	ロビーが館の格に合っていない	プロセス指標
51	施設	消耗備品類	客室の消耗備品類（アメニティやベッドカバー等）は価格相応か？	客室の消耗備品類は全般的に価格に比して良い印象である	客室の消耗備品類は全般的に価格相応の印象である	客室の消耗備品類は全般的に価格に比して悪い印象である。もしくはベッドカバーがデュベ※でない	プロセス指標

5 「事業性評価結果」のシート（4業態共通）

　「事業性評価票」で評点をつけ終えたら、「結果指標」と「プロセス指標」に分けた上で、評価分野単位の平均評点を算出します。集計結果は、総合力を見出しやすいようにビジュアル化してまとめます。なお、図中に表示している評価結果は架空のものです。

■事業性評価結果のシート

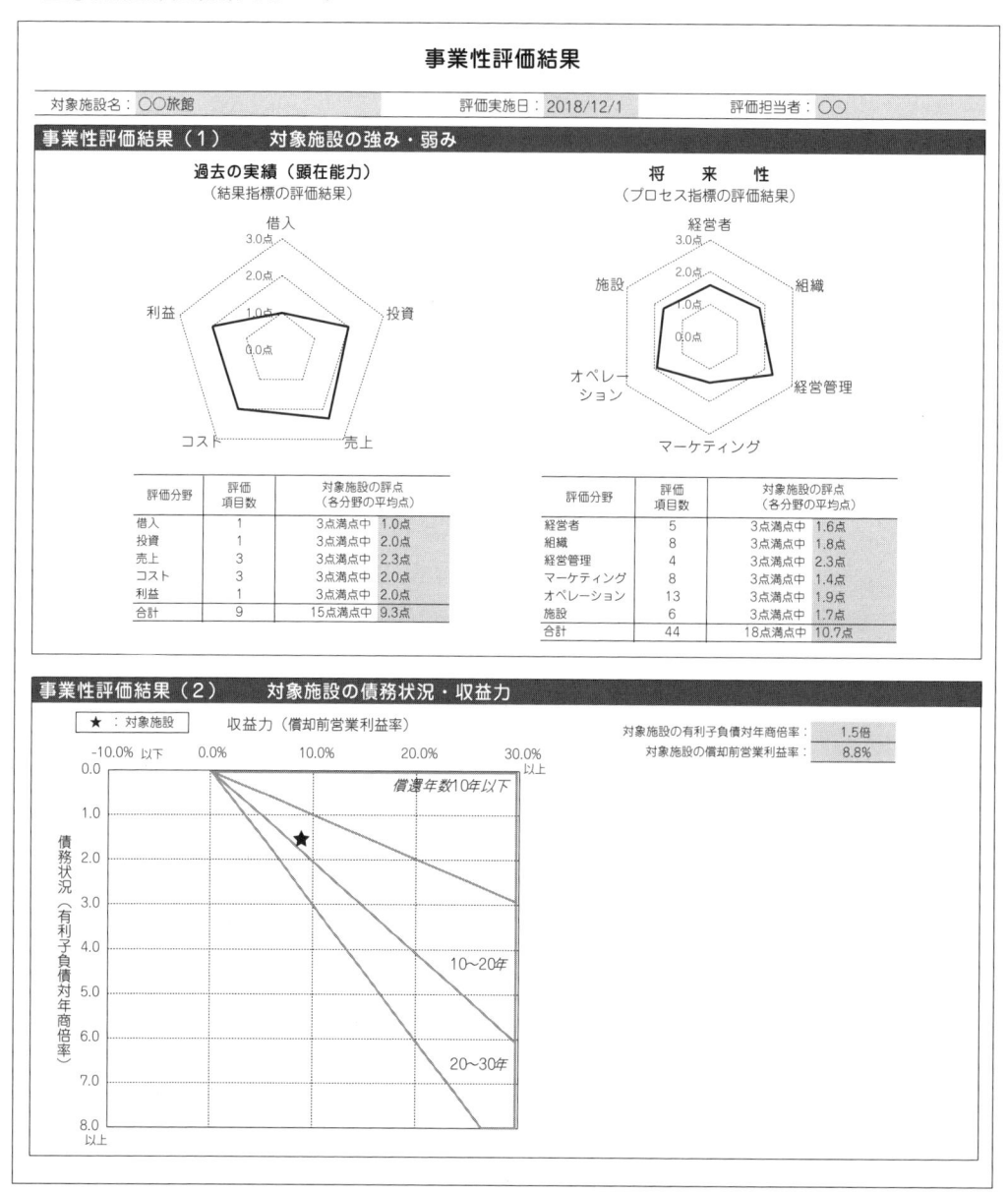

事業性評価結果

対象施設名：○○旅館　　評価実施日：2018/12/1　　評価担当者：○○

事業性評価結果（1）　対象施設の強み・弱み

過去の実績（顕在能力）
（結果指標の評価結果）

評価分野	評価項目数	対象施設の評点（各分野の平均点）
借入	1	3点満点中 1.0点
投資	1	3点満点中 2.0点
売上	3	3点満点中 2.3点
コスト	3	3点満点中 2.0点
利益	1	3点満点中 2.0点
合計	9	15点満点中 9.3点

将来性
（プロセス指標の評価結果）

評価分野	評価項目数	対象施設の評点（各分野の平均点）
経営者	5	3点満点中 1.6点
組織	8	3点満点中 1.8点
経営管理	4	3点満点中 2.3点
マーケティング	8	3点満点中 1.4点
オペレーション	13	3点満点中 1.9点
施設	6	3点満点中 1.7点
合計	44	18点満点中 10.7点

事業性評価結果（2）　対象施設の債務状況・収益力

★：対象施設

収益力（償却前営業利益率）

対象施設の有利子負債対年商倍率：1.5倍
対象施設の償却前営業利益率：8.8%

償還年数10年以下
10〜20年
20〜30年

債務状況（有利子負債対年商倍率）

集計値の算出方法

　評価分野単位の平均評点は、「その評価分野に属する評価項目の評点の合計」÷「その評価分野に属する評価項目の数」で算出します。

　「事業性評価票」に記載してある評価項目の分類名を、そのまま評価分野として使えます。また、「事業性評価票」の「参考」列の「指標分類」列に、それぞれの評価項目が「結果指標」と「プロセス指標」のどちらに該当するかを記載してあります。

「事業性評価結果（1）対象施設の強み・弱み」の使い方

　このレーダーチャートの活用方法は、本書の第1章4の「3）評価結果からホテル旅館の総合力を見極める」を参照してください。

「事業性評価結果（2）対象施設の債務状況・収益力」の使い方

　このグラフから現時点の返済能力がどの程度であるかを見るとともに、融資先として許容できる返済能力にない場合、「事業性評価結果（1）」の「将来性」の評価結果に基づいて「収益力」（グラフ横軸）の改善可能性を加味して見極めるようにしてください。

　本書の第4章1の「1）債務状況と収益力による目利き」に、弊社が実際に再生支援に関わったホテル旅館の評価結果を、この評価結果シートのグラフと同じ形のグラフで掲載しています。それを評価対象のホテル旅館の評価結果と照らし合わせて参考にしていただくことができます。

6 ダウンロードサイト

　本章で提示した「事業性評価票」と「事業性評価結果のシート」のエクセルファイルを、以下の URL からダウンロードできます。

　このエクセルファイルの「事業性評価票」に評点を入力すると、「評価結果」のシートに自動的に集計結果が表示されます。お手元のパソコンにダウンロードして、ホテル旅館の事業性評価にご活用ください。

ダウンロードサイト URL

https：//www.xone-consulting.co.jp/publications/download/

用語集

本文中で「※」が付された用語をここで解説しています。

あ行

【アロットメント】ホテル旅館が旅行会社に対して一定数の客室を預けて販売を委託
　　すること。「ブロック」とも呼ぶ。

【イールドマネジメント】イールド（収益）を最大化するために、需要と供給の動向
　　を細かく見ながら客室の販売価格を調整すること。

【インバウンド】外国人が訪日すること。

【エージェント】旅行会社。

【オンシーズン】繁忙期。

【オフシーズン】閑散期。

か行

【季節の名残と旬、走り】旬とは最も味のよい出盛りの時期、走りとは出始めの食材
　　や初物の時期、名残とは食材の季節が終わりに近づいた時期。

【グランピング】Glamorous（魅力的な）と Camping（キャンプ）を組み合わせた造
　　語。キャンプのようなテイストの宿泊施設。

【コア・コンピタンス】競合他社が真似できないような、自社の核となる強み。

さ行

【債権買取】金融機関が回収できなくなった債権をサービサー（債権回収会社）が買
　　い取ること。

【シーズナリティ】シーズンによって異なる需要に対応し価格の格差を設けること。

【事業デューデリジェンス】事業内容、経営実態、経営環境を詳細に調査して、窮境
　　原因の特定と改善方向性を探索すること。

【償却前営業利益】営業利益＋減価償却費。

【ショルダーシーズン】繁忙期ほどではないが通常よりやや混み合っている時期。

【総合案内所】旅行会社に対し、ホテル旅館の宣伝営業活動を行う組織。「フロント」
　　とも呼ぶ。

た行

【第二会社方式】債権放棄の方式のひとつ。会社分割等の方法でプラスの資産を新会社（第二会社）に移して存続させ、負債が残る旧会社のほうを特別清算することによって整理するもの。

【地域経済活性化支援機構】略称 REVIC。中堅・中小企業等の事業再生を支援するため設立された官民ファンドの株式会社。

【中小企業再生支援協議会】中小企業の事業再生を支援するため各都道府県に設置されている国の公的機関。

【直接放棄】債権放棄の方式のうち、第二会社方式を用いずに直接の債権放棄をする方式。

【デュベタイプ】ベッドよりもかなり大きなベッドカバー（羽毛布団とカバーのセット）。ベッドの足元や両サイドに垂れる部分をベッドのマットレス下に巻き込んでベッドメイクする。

は行

【東日本大震災事業者再生支援機構】東日本大震災で被災した事業者の再生を支援するため国によって設立された株式会社。

【ブッキング】予約のこと。

【ブッフェレストラン】テーブルにある料理を自由に取って食べるレストラン。

【ホテル管理システム（PMS）】PMS は Property Management System の略。宿泊施設の管理システム。

ま行

【街場】路面の飲食店。

【マルチタスク】ひとりのスタッフが、フロント業務、客室清掃、配膳サービスなど、複数の役割を兼任すること。

や行

【有利子負債対年商倍率】有利子負債÷年間の総売上高。

【用度】調達係。

ら行

【リアルエージェント】旅行会社のうち、インターネット上のみで取引を行う OTA 以外の旅行会社。

【リスケ（リスケジュール）】返済期限の延長など、金融機関への債務の返済条件を変更すること。

【A 重油】燃料油の一種。

【DDS】Debt Debt Swap の略。債権者が既存の債権を返済順位の低い劣後ローンに切り替えること。

【EBITDA】Earnings Before Interest, Taxes, Depreciation and Amortization の略。税引前利益に支払利息、減価償却費を加えたもの。

【FF&E】furniture, fixtures and equipment の略。家具、什器、備品。

【GOP】Gross Operating Profit の略。ホテル全体の営業収入から、売上を上げるために直接関係するホテル運営費用を除いた額。

【MICE】Meeting, Incentive Travel, Convention, Exhibition/Event の略。会議や研修旅行や展示会など、多くの集客が見込まれるビジネス関連イベントの総称。

【OTA】Online Travel Agent の略。インターネット上のみで取引を行う旅行会社。

【PDCA】Plan, Do, Check, Action の略。計画・実行・評価・改善を繰り返して業務を継続的に改善していくこと。

【Rev.PAR】Revenue Per Available Room の略。客室 1 室あたりの売上を指標化したもの。客室売上を販売可能な客室数で割った数値。客室稼働率に平均客室単価を掛けても求めることができる。

【著者プロフィール】

宇野　俊郎

執筆担当：第 1 章 2、第 3 章、第 4 章
クロスワンコンサルティング株式会社　代表取締役
中小企業診断士・NPO 法人金融検定協会ターンアラウンドマネージャー・JMAA 認定 M&A アドバイザー

会社設立当初からホテル旅館を中心としたホスピタリティ企業の事業再生に取り組んできた。地域にとって必要なホテル旅館の事業継続を実現し、地域経済の活性化に資することを自身のミッションとしてコンサルティングを展開してきた。特に失敗の出来ない債権カット案件における的確なデューデリジェンスと実現可能性の高い計画策定に定評がある。継続的に事業再生計画の実行支援を行うことも多く、ワンストップで事業継続のためのコンサルティングを提供している。
第二会社方式などで経営者が交代する場合にはターンアラウンドマネージャーを対象会社に常駐させた案件も数多くある。
最近は、事業承継にも積極的に取り組み、後継者不在のホテル旅館に対して M&A による第三者承継のサポートも行っている。

古市　今日子

執筆担当：第 1 章 1、第 1 章 3 ～ 4、第 2 章、巻末付録
クロスワンコンサルティング株式会社　コンサルタント
中小企業診断士

ホテル旅館、総合商社、アミューズメント企業、メディア企業など幅広い業種の支援実績を持つ。外資コンサルティングファームにおいて顧客企業のコスト削減支援・経営計画策定支援・売上拡大支援の経験を積み、経営コンサルタントとして独立。
大企業のハンズオン支援実績 20 社、中小企業の経営相談実績年間 200 件。著書『女性社員の心得』(2013 年労働調査会)。

クロスワンコンサルティング株式会社（https://www.xone-consulting.co.jp/）
〒103-0013 東京都中央区日本橋人形町 1-2-12　WARMLIGHT BLD.6F
TEL 03-6683-5125　FAX 03-6683-5134

実践　ホテル旅館の事業性評価

2019年 3 月16日　初版第 1 刷発行

著　　者　　宇　野　俊　郎
　　　　　　古　市　今日子
発 行 者　　酒　井　敬　男

発 行 所　株式会社ビジネス教育出版社

〒102-0074　東京都千代田区九段南4-7-13
TEL：03（3221）5361（代表）　FAX：03（3222）7878
E-mail info@bks.co.jp　http://www.bks.co.jp

装丁・イラスト／（株）クラップス
印刷・製本／萩原印刷（株）
落丁・乱丁はおとりかえします

ISBN 978-4-8283-0754-1